- 1 Basics – Grundrechenarten
- 2 Rechnen mit Einheiten
- 3 Zehnerpotenzen und Logarithmen
- 4 Prozentrechnung
- 5 Fehlerrechnung
- 6 Halbwertszeitrechnung
- 7 Optik
- 8 Geometrie
- 9 Oxidationszahlen
- 10 Biologie
- 11 Psychologie
- Index

Jochen Dutzmann, Michael Maisch

Mathe

MEDI-LEARN Skriptenreihe

3., komplett überarbeitete Auflage

MEDI-LEARN Verlag GbR

Autoren: Jochen Dutzmann, Michael Maisch

Teil 2 des Mathematik-Physik-Paketes, nur im Paket erhältlich
ISBN-13: 978-3-95658-005-5

Herausgeber:
MEDI-LEARN Verlag GbR
Dorfstraße 57, 24107 Ottendorf
Tel. 0431 78025-0, Fax 0431 78025-262
E-Mail redaktion@medi-learn.de
www.medi-learn.de

Verlagsredaktion:
Dr. Marlies Weier, Dipl.-Oek./Medizin (FH) Désirée Weber, Denise Drdacky, Jens Plasger, Sabine Behnsch, Philipp Dahm, Christine Marx, Florian Pyschny, Christian Weier

Layout und Satz:
Fritz Ramcke, Kristina Junghans, Christian Gottschalk

Grafiken:
Dr. Günter Körtner, Irina Kart, Alexander Dospil, Christine Marx

Illustration:
Daniel Lüdeling

Druck:
A.C. Ehlers Medienproduktion GmbH

3. Auflage 2014
© 2014 MEDI-LEARN Verlag GbR, Marburg

Das vorliegende Werk ist in all seinen Teilen urheberrechtlich geschützt. Alle Rechte sind vorbehalten, insbesondere das Recht der Übersetzung, des Vortrags, der Reproduktion, der Vervielfältigung auf fotomechanischen oder anderen Wegen und Speicherung in elektronischen Medien.
Ungeachtet der Sorgfalt, die auf die Erstellung von Texten und Abbildungen verwendet wurde, können weder Verlag noch Autor oder Herausgeber für mögliche Fehler und deren Folgen eine juristische Verantwortung oder irgendeine Haftung übernehmen.

Wichtiger Hinweis für alle Leser
Die Medizin ist als Naturwissenschaft ständigen Veränderungen und Neuerungen unterworfen. Sowohl die Forschung als auch klinische Erfahrungen führen dazu, dass der Wissensstand ständig erweitert wird. Dies gilt insbesondere für medikamentöse Therapie und andere Behandlungen. Alle Dosierungen oder Applikationen in diesem Buch unterliegen diesen Veränderungen.
Obwohl das MEDI-LEARN Team größte Sorgfalt in Bezug auf die Angabe von Dosierungen oder Applikationen hat walten lassen, kann es hierfür keine Gewähr übernehmen. Jeder Leser ist angehalten, durch genaue Lektüre der Beipackzettel oder Rücksprache mit einem Spezialisten zu überprüfen, ob die Dosierung oder die Applikationsdauer oder -menge zutrifft. Jede Dosierung oder Applikation erfolgt auf eigene Gefahr des Benutzers. Sollten Fehler auffallen, bitten wir dringend darum, uns darüber in Kenntnis zu setzen.

Vorwort

„A mathematician is a blind man in a dark room looking for a black cat which isn't there."

Charles Darwin

Warum dieses Skript?
Als Dozenten in den MEDI-LEARN Repetitorien sowie als Hiwis in biochemischen und physiologischen Praktika haben wir Autoren uns auch nach unserer eigenen vorklinischen Zeit noch intensiv mit Physikumsinhalten und -fragen auseinandergesetzt. In Gesprächen mit Physikumskandidaten kristallisierte sich heraus, dass für sie viele Physikumsfragen nicht aufgrund mangelnden Verständnisses der fachlichen Zusammenhänge schwer zu beantworten waren, sondern weil mathematische Grundlagen und die Übung im Umgang mit Zahlen und Formeln fehlten. Daran sollte und muss aber unserer Meinung nach niemand im Physikum scheitern ...

Übung macht den Meister. Das Konzept:
Den Umgang mit Zahlen und Einheiten muss und kann man üben. Im Physikum werden keine mathematischen Quantensprünge verlangt, aber gerne kleine und damit leicht zu übersehende Fehler in die fünf Antwortmöglichkeiten eingebaut. Aus eigener Physikumserfahrung möchten wir dir empfehlen, Aufgaben mit Rechenanteil zunächst ohne Blick auf die vorgegebenen Antwortmöglichkeiten zu rechnen und das eigene Ergebnis danach mit den Vorgaben abzugleichen. Auf Grundlage dieser Idee ist auch dieses Skript aufgebaut: Am Beginn eines jeden Themas sind die wichtigsten Fakten kurz zusammengefasst und anschließend die Originalaufgaben früherer Physika abgedruckt – allerdings ohne Antwortmöglichkeiten. Die findest du im separaten Lösungsteil am Ende des Hefts mit ausführlichen und kommentierten Lösungswegen, der Angabe, aus welchem Jahr die Frage stammt und dem Schwierigkeitsgrad (= Routine, lösbar, teuflisch oder IMPP-Hammer).

Und noch ein Tipp vorneweg: Viele Aufgaben lassen sich sogar ohne die Kenntnis von Formeln lösen, indem du dir einfach nur die Einheiten genau ansiehst. Daher ist es so wichtig, durch Üben mehr Sicherheit in der Rechnerei zu bekommen und damit den (Durch-)Blick zu erlangen, der es dir ermöglicht, schwarze Katzen auch in völliger Dunkelheit und mit vor Aufregung blinden Augen zu erkennen ...

In der Hoffnung, dir beim Überwinden der mathematischen Hürden Hilfestellung geben zu können, wünschen wir dir viel Spaß bei der Arbeit mit diesem Skript und viel Erfolg im Physikum.

Dein MEDI-LEARN Team

**DEINE FRAGE
VIELE ANTWORTEN**

WWW.MEDI-LEARN.DE/SKR-FOREN

AB DEM 5. SEMESTER GEHT ES ERST RICHTIG LOS

MEDI-LEARN FOREN

Inhalt

1	**Basis – Grundrechenarten**	**1**	**6**	**Halbwertszeitrechnung**	**19**
1.1	Multiplikation – Das Mal nehmen	1	6.1	Aufgaben	20
1.2	Division - Bruchrechnen – Das Teilen	1			
1.2.1	Kürzen von Brüchen	1			
1.2.2	Erweitern von Brüchen	2	**7**	**Optik**	**22**
1.2.3	Was geschieht mit dem Ergebnis beim Verändern von Zähler und Nenner?	2	7.1	Aufgaben	23
1.2.4	Addieren, Subtrahieren, Multiplizieren und Dividieren von Brüchen	3			
1.2.5	Bruchstriche mal anders	4	**8**	**Geometrie**	**25**
1.3	Formeln umstellen	4	8.1	Aufgaben	25
1.4	Aufgaben	6			
2	**Rechnen mit Einheiten**	**7**	**9**	**Oxidationszahlen**	**26**
2.1	Aufgaben	8	9.1	Was sind Oxidationszahlen?	26
2.2	Lösungsmöglichkeiten	9	9.2	Woher weiß man, wer welche Oxidationszahl bekommt?	26
			9.3	Aufgaben	27
3	**Zehnerpotenzen und Logarithmen**	**11**			
3.1	Warum überhaupt Zehnerpotenzen?	11	**10**	**Biologie**	**28**
3.2	Rechnen mit Zehnerpotenzen	11	10.1	Vererbung genetischer Merkmale	28
3.3	Zehnerpotenzen für Fortgeschrittene – der dekadische Logarithmus	12	10.2	Aufgaben	30
3.4	„Krumme" Logarithmen – und wie man sie ohne Taschenrechner herausfindet	13	**11**	**Psychologie**	**31**
3.5	Der Schalldruckpegel	13	11.1	Prävalenz	31
3.6	Aufgaben	14	11.2	Sensitivität	31
			11.3	Spezifität	31
4	**Prozentrechnung**	**16**	11.4	Positiver Vorhersagewert	32
4.1	Aufgaben	17	11.5	Negativer Vorhersagewert	32
			11.6	Aufgaben	33
5	**Fehlerrechnung**	**18**			
5.1	Arithmetischer Mittelwert	18	**Lösungsteil**		**33**
5.2	Aufgaben	18			

Ein besonderer Berufsstand braucht besondere Finanzberatung.

Als einzige heilberufespezifische Finanz- und Wirtschaftsberatung in Deutschland bieten wir Ihnen seit Jahrzehnten Lösungen und Services auf höchstem Niveau. Immer ausgerichtet an Ihrem ganz besonderen Bedarf – damit Sie den Rücken frei haben für Ihre anspruchsvolle Arbeit.

- Services und Produktlösungen vom Studium bis zur Niederlassung
- Berufliche und private Finanzplanung
- Beratung zu und Vermittlung von Altersvorsorge, Versicherungen, Finanzierungen, Kapitalanlagen
- Niederlassungsplanung & Praxisvermittlung
- Betriebswirtschaftliche Beratung

Lassen Sie sich beraten!

Nähere Informationen und unseren Repräsentanten vor Ort finden Sie im Internet unter www.aerzte-finanz.de

Standesgemäße Finanz- und Wirtschaftsberatung

1 Basis – Grundrechenarten

Addieren, Subtrahieren, Multiplizieren und Dividieren: Das erscheint auf den ersten Blick einfach, jedoch ist im Physikum kein Taschenrechner erlaubt. Hat man seit der Grundschule nichts mehr ohne diesen kleinen elektronischen Helfer gerechnet, sind ohne Übung die kleinen Tricks und Kniffs, die dir helfen, ein zumindest gerundetes Ergebnis im Kopf zu erzielen, wahrscheinlich längst vergessen. Sollte dem so sein, kannst du sie an dieser Stelle auffrischen.

Das schriftliche Examen legt großen Wert auf das Multiplizieren und Dividieren, weshalb dieses Skript diesen beiden Rechenarten auch den größten Raum widmet. Leider reichen jedoch manchmal Rechenkenntnisse allein nicht aus, um eine Aufgabe korrekt lösen zu können, da zusätzlich eine bestimmte Formel oder ein gewisser Wert bekannt sein muss. Die am häufigsten gefragten Formeln und Werte fürs Examen findest du in der Formelsammlung im Umschlag dieses Skriptes.

1.1 Multiplikation – Das Mal nehmen

Das Beherrschen der Multiplikation ist in fast allen Rechenaufgaben des schriftlichen Examens ein Muss, um zum richtigen Ergebnis zu kommen. Dabei tauchen neben Zahlen auch Einheiten, Variablen und Zehnerpotenzen (s. Tab. 1, S. 11) auf, die multipliziert werden müssen. Kenntnisse über das Kleine Einmaleins hinaus sind dabei sehr hilfreich, und vor großen Zahlen solltest du keine Angst haben. Sollst du z. B. $4000 \cdot 70$ rechnen, kannst du dir mit $4 \cdot 7 = 28$ und dem Anhängen von vier Nullen (280 000) helfen. Komplizierte Malaufgaben wie die Multiplikation von Dezimalzahlen werden im schriftlichen Examen normalerweise nicht gestellt. Sollte dennoch einmal nach dem Ergebnis von $1,47 \cdot 2,31$ gefragt werden, kannst du dich der Lösung durch Runden mit kleinen Schritten nähern:

– $1,47 \sim 1,5$ und $2,31 \sim 2,33$
– $1,5 \cdot 2 = 3$.
   Bleiben noch 0,33 übrig, die mit 1,5 multipliziert werden müssen.
– 0,33 sind ein Drittel und ein Drittel von 1,5 sind 0,5. Addiert ergibt $3 + 0,5 = 3,5$.

Das Ergebnis von $1,47 \cdot 2,31$ ist also in etwa 3,5. Die korrekte Lösung lautet übrigens 3,3957, aber keine Bange: In diesem Fall werden die Antwortmöglichkeiten nicht dicht am gerundeten Ergebnis liegen wie z. B. A) 3,5 und B) 3,4, sondern sich klar davon abheben wie z. B. A) 3,5 , B) 2,5 und weitere, noch deutlich größere oder kleinere Werte.

Ein Produkt ist eine Rechenoperation, bei der zwei oder mehr Größen miteinander multipliziert werden. Das Ergebnis dieser Berechnung nennt man ebenfalls Produkt. Beispiel: $a \cdot b = c$ oder $c \cdot d \cdot e \cdot f = g$.

1.2 Division - Bruchrechnen – Das Teilen

Wie die Multiplikation gehört auch das Bruchrechnen zu den Basics beim Lösen der Physikumsaufgaben. Das Bruchrechnen fällt vielen Physikumskandidaten besonders schwer, weil diese Form des Rechnens im Alltag selten verwendet wird. Daher findest du hier noch mal die absoluten Grundlagen.

Bei Betrachtung eines Bruchs lassen sich drei Elemente unterscheiden:

$$\frac{a}{b} \quad \begin{matrix} \leftarrow \text{Zähler} \\ \leftarrow \text{Bruchstrich} \\ \leftarrow \text{Nenner} \end{matrix}$$

1.2.1 Kürzen von Brüchen

Kürzen bedeutet, das gleiche Vielfache von Zähler und Nenner wegzunehmen.

Im Beispielbruch $\frac{20}{100}$ lassen sich die beiden

1 Basis – Grundrechenarten

großen Zahlen 20 und 100 jeweils durch 10 teilen, also eine Null oben und eine Null unten streichen.

$$\frac{20}{100} \mid \div 10 \to \frac{2\cancel{0}}{10\cancel{0}} = \frac{2}{10}$$

Zusätzlich bietet sich die Möglichkeit, durch 2 zu teilen.

$$\frac{2}{10} \mid \div 2 \to \frac{1}{5}$$

Hierbei ist 2 der „größte gemeinsame Teiler", also die größte Zahl, durch die man Zähler und Nenner teilen kann, um eine Natürliche Zahl (1, 2, 3, 4, 5, usw.) zu erhalten.
Du hättest selbstverständlich auch sofort

$$\frac{20}{100} \mid \div 20 \to \frac{1}{5}$$

rechnen können. In diesem Fall wäre 20 der größte gemeinsame Teiler. Allerdings macht das anfängliche Kürzen von Zehnerpotenzen (10, 100, 1000, usw.) den Bruch zunächst übersichtlicher, da so die ganz großen Zahlen verschwinden.

1.2.2 Erweitern von Brüchen

Das Gegenteil des Kürzens ist das Erweitern. Während man beim Kürzen durch etwas dividiert, wird beim Erweitern mit etwas multipliziert. Dazu gleich wieder ein Beispiel.
Den Bruch $\frac{1}{0,2}$

solltest du am Besten mit 10 erweitern. Dies bedeutet, den Zähler und den Nenner mit 10 zu multiplizieren.

$$\frac{1}{0,2} \mid \cdot 10 \to \frac{1 \cdot 10}{0,2 \cdot 10} = \frac{10}{2} = 5$$

Durch dieses Vorgehen ändert sich am Ergebnis nichts, das Rechnen wird aber dadurch viel einfacher. Das Erweitern macht besonders Brüche übersichtlich, die im Nenner eine Dezimalzahl („Zahl mit Komma") haben.

> **Übrigens ...**
> Wichtig ist die Unterscheidung zwischen Kürzen/Erweitern und Rechnen mit der Gleichung:
> – Beim Kürzen/Erweitern wird Gleiches über und unter dem Bruch-

strich auf nur einer Seite des Gleichheitszeichens weggestrichen/hinzugefügt.
> – Beim Rechnen mit einer Gleichung (z. B. Umstellen einer Formel), passiert links und rechts der Gleichung etwas (s. 1.3, S. 4).

1.2.3 Was geschieht mit dem Ergebnis beim Verändern von Zähler und Nenner?

Gegeben sei die Formel $\quad a = \frac{b}{c}$

Die Frage lautet, wie sich das Ergebnis a verändert, wenn der Wert im Zähler (b) oder im Nenner (c) größer oder kleiner wird. Bei solchen Aufgaben ist es zur Veranschaulichung hilfreich, Beispielwerte einzusetzen.

Zählerbeispiel: c = 1 konstant $\quad a = \frac{b}{1}$

Setzt man nun eine Zahl für b ein, z. B. 100, ergibt sich für $\quad a = \frac{100}{1} = 100$

Größere Werte im Zähler, z. B. b = 1000, bedeuten größere Ergebnisse
$$a = \frac{1000}{1} = 1000$$

Kleinere Werte, z. B. b = 10, liefern kleinere Ergebnisse $\quad a = \frac{10}{1} = 10$

> **Übrigens ...**
> Unter jede beliebige Zahl x kann man eine 1 schreiben, ohne dass sie sich dadurch verändert: $\frac{x}{1}$
>
> Beim Kürzen ist es oft hilfreich, sich diese (unsichtbare) 1 im Nenner zu vergegenwärtigen.

Wichtiger, aber weniger leicht durchschaubar sind die Veränderungen im Nenner:
b = 1 konstant $\to \quad a = \frac{1}{c}$

Setzt man eine Zahl für c ein, z. B. 10, ergibt sich
$$a = \frac{1}{10} = 0,1$$

1.2.4 Addieren, Subtrahieren, Multiplizieren und Dividieren von Brüchen

Vergrößert man den Wert für c auf 1000, ergibt sich
$$a = \frac{1}{1000} = 0{,}001$$

Je größer der Wert im Nenner wird, desto kleiner wird das Ergebnis.
Verkleinert man den Wert für c auf 1 ergibt sich
$$a = \frac{1}{1} = 1$$

bei einem Wert für c von 0,001 ergibt sich
$$a = \frac{1}{0{,}001} = 1000$$

Je kleiner der Wert im Nenner wird, desto größer wird das Ergebnis.

Doch wie lassen sich eigentlich so komplizierte Brüche wie $a = \frac{1}{0{,}001} = ?$ im Kopf rechnen?

Hier gilt es, zunächst die Kommazahlen in Brüchen verschwinden zu lassen. Dies gelingt, indem du die Brüche mit 10 oder einem Vielfachen von 10 (100, 1000 usw.) erweiterst (s. 1.2.2, S. 2), oder indem du sie umformst. Zum Umformen solltest du folgendes Wissen parat haben:
- 0,1 sind ein Zehntel = $\frac{1}{10}$
- 0,01 ein Hundertstel = $\frac{1}{100}$ und
- 0,001 ein Tausendstel = $\frac{1}{1000}$ usw.

Eingesetzt in dieses Beispiel ergibt sich
$$a = \frac{1}{\frac{1}{1000}}$$

Merke!
Alles, was innerhalb eines Doppelbruchs im Nenner des unteren Bruchs steht, wandert in den Zähler.

Jetzt kommt dieser wichtige Trick zum Einsatz.
$$a = \frac{1}{\frac{1}{1000}} = a = 1 \cdot \frac{1000}{1}$$

Die Einsen lassen sich kürzen
$$a = \frac{\cancel{1} \cdot 1000}{\cancel{1}} \rightarrow a = 1000$$

und als Ergebnis bleibt a = 1000 stehen.

Übrigens ...
Diesen Trick kann man nicht nur für Zahlen anwenden, sondern auch für Einheiten und Variablen. Es bleibt dir überlassen, ob du lieber erweiterst oder den Doppelbruch erstellst. Beherrschen solltest du auf jeden Fall beide Rechenoperationen.

1.2.4 Addieren, Subtrahieren, Multiplizieren und Dividieren von Brüchen

Will man Brüche miteinander verrechnen, gilt es ebenfalls, einige Kleinigkeiten zu beachten. Die einfachste Rechenoperation dürfte die Multiplikation von Brüchen sein: hier werden jeweils Zähler und Nenner miteinander multipliziert:

$$\frac{n_1}{m_1} \cdot \frac{n_2}{m_2} = \frac{n_1 \cdot n_2}{m_1 \cdot m_2}$$

Beispiel:
$$\frac{3}{5} \cdot \frac{4}{6} = \frac{3 \cdot 4}{5 \cdot 6} = \frac{12}{30} = \frac{2}{5}$$

In diesem Beispiel könnte man allerdings 4 und 6 sowie später auch die 3 wunderbar kürzen:
$$\frac{3}{5} \cdot \frac{\cancel{4}}{\cancel{6}} = \frac{\cancel{3} \cdot 2}{5 \cdot \cancel{3}} = \frac{2}{5}$$

Das Dividieren von Brüchen läuft ganz ähnlich. In den vorangegangenen Abschnitten hast du bereits den Zusammenhang von Divisionen und Brüchen im Allgemeinen kennen gelernt. Daneben hast du erfahren, dass man in Doppelbrüchen den Nenner des unteren in den Zähler des oberen Bruchs schreiben kann und, dass sich der Nenner des oberen Bruchs in den Nenner des Gesamtbruchs verschieben lässt. Dem zugrunde liegt die Rechenregel, dass man bei der Division von Brüchen den Kehrwert des zweiten Bruches mit dem ersten Bruch multipliziert:

$$\frac{\frac{n_1}{m_1}}{\frac{n_2}{m_2}} = \frac{n_1}{m_1} \div \frac{n_2}{m_2} = \frac{n_1}{m_1} \cdot \frac{m_2}{n_2}$$

Komplizierter wird es beim Addieren und Subtrahieren von Brüchen. Hierbei müssen die Brüche nämlich zunächst „gleichnamig" gemacht werden, was du durch Erweitern erreichst. Erst

1 Basis – Grundrechenarten

danach darfst du die Zähler addieren oder subtrahieren, der Nenner bleibt erhalten.

$$\frac{3}{4} + \frac{1}{2} - 1 = \frac{3}{4} + \frac{2}{4} - \frac{4}{4} = \frac{3+2-4}{4} = \frac{1}{4}$$

Im schriftlichen Physikum taucht diese Rechenform vor allem im physikalischen Teil auf. Hier wird gerne mal verlangt, dass man die Widerstände oder die Leitwerte von Reihen- oder Parallelschaltungen errechnet. Hierbei ist es wichtig zu wissen, dass
- der elektrische Leitwert der Kehrwert des Widerstandes ist
- sich in einer Reihenschaltung (Serienschaltung) die Widerstände addieren und
- sich in einer Parallelschaltung die Leitwerte addieren.

1.2.5 Bruchstriche mal anders

Bisher wurden Divisionen in zwei Formen dargestellt:
- als Bruch = $\frac{a}{b}$ oder a/b
- mit dem Geteiltzeichen = a ÷ b oder a : b

Daneben gibt es noch eine dritte Schreibweise, die genau dasselbe ausdrückt und im Physikum vor allem bei Einheiten verwendet wird:
- das "hoch Minus 1" = $a \cdot b^{-1}$

Hierbei wird die Variable, die Einheit oder der Wert im Nenner mit dem Zähler zu einem Produkt zusammengefasst und mit einem „hoch Minus 1" versehen. Beispiele:

$$\frac{a}{b} = a \cdot b^{-1}$$

$$100 \text{ km/h} = 100 \text{ km} \cdot \text{h}^{-1}$$

$$60 \text{ Hz} = 60 \cdot \frac{1}{s} = 60 \cdot s^{-1}$$

Wichtig ist, sich dadurch nicht verwirren zu lassen und zur Not die Einheit noch einmal ausführlich in einem Bruch aufzuschreiben.

Übrigens ...
Steht „hoch Minus 1" nach einer Einheit, lässt es sich mit „pro" übersetzen: $100 \text{ km} \cdot \text{h}^{-1}$ sind also 100 km pro Stunde, $60 \cdot s^{-1}$ bedeutet 60 Mal pro Sekunde, usw.

1.3 Formeln umstellen

Bevor man Zahlenwerte in eine Formel einsetzt, empfiehlt es sich, diese erst der Fragestellung anzupassen. Das verschafft Übersichtlichkeit und hilft somit, Fehler zu vermeiden.

Merke!

Erst umformen, dann einsetzen.

Du ersparst dir einige Auswendiglernerei, wenn du, weil du umstellen kannst, nur eine anstelle dreier Formeln wissen musst.
Damit du Formeln ohne Probleme umstellen kannst, folgen jetzt die wichtigsten Tricks und Kniffs, erläutert anhand einer der für das Physikum wichtigsten Formeln: dem **Ohm-Gesetz**.

$$U = R \cdot I \qquad \begin{array}{l} U = \text{Spannung} \\ R = \text{Widerstand} \\ I = \text{Stromstärke} \end{array}$$

In dieser Form ist das Ohm-Gesetz leicht zu merken, man muss lediglich an den Vornamen eines bekannten Fernsehmagiers denken. Gar nicht magisch ist allerdings das Umstellen der Formel, sollte in einer Frage mal nicht nach der Spannung, sondern nach Widerstand oder Stromstärke gefragt sein. Sollst du den Widerstand R ausrechnen, gilt es, R allein auf eine Seite des Gleichheitszeichens zu bringen. Ob R dabei am Ende links oder rechts steht, ist irrelevant. Mit Blick auf die Formel kannst du sehen, dass du dazu nur I nach links bringen musst. I steht in einem Produkt mit R. Um die beiden voneinander zu trennen, muss man sich der gegenteiligen Rechenform bedienen, also der Division. Dividiert man nun durch I,

$$U = R \cdot I \quad | : I$$

muss I auf beiden Seiten der Gleichung dividiert werden.

1.3 Formeln umstellen

$\frac{U}{I} = R \cdot \frac{I}{I}$

Jetzt kann man I rechts kürzen

$\frac{U}{I} = R \cdot \frac{\cancel{I}}{\cancel{I}} = \frac{U}{I} = R$ bzw. $R = \frac{U}{I}$

und schon ist die Gleichung nach dem Widerstand R aufgelöst.

> **Übrigens ...**
> Aus Gründen der Übersichtlichkeit schreibt man das Ergebnis meist links vom Gleichheitszeichen.

Ist nach der Stromstärke I gefragt, musst du I alleine auf eine Seite der Gleichung bringen. Ausgehend von der nach R aufgelösten Gleichung, $R = \frac{U}{I}$

empfiehlt es sich, das I erst nach links und danach das R nach rechts zu bringen.
Um den Bruch $\frac{U}{I}$ zu trennen, musst du wieder die gegenteilige Rechenform anwenden, die Multiplikation.

$R = \frac{U}{I} \quad | \cdot I$

$R \cdot I = U \cdot \frac{I}{I}$

I gekürzt

$R \cdot I = U \cdot \frac{\cancel{I}}{\cancel{I}}$

$R \cdot I = U \quad |:R$

$R \cdot \frac{I}{R} = \frac{U}{R}$

R gekürzt

$\cancel{R} \cdot \frac{I}{\cancel{R}} = \frac{U}{R}$

$I = \frac{U}{R}$

Alles klar? Dann versuche das Umstellen doch gleich noch mal anhand eines etwas schwierigeren Beispiels: der Formel der allgemeinen Gasgleichung:
$p \cdot V = n \cdot R \cdot T$
p = Druck, V = Volumen, n = Stoffmenge,
R = Gaskonstante, T = Temperatur

In den Physikumsfragen ist auch oft, umgestellt nach dem Druck p, zu finden:

$p = \frac{n \cdot R \cdot T}{V}$

Diese Druck-Gleichung soll nun zum Volumen V aufgelöst werden. Dazu multiplizierst du zunächst mit V und dividierst anschließend durch p.

$p = \frac{n \cdot R \cdot T}{V} \quad | \cdot V$

$p \cdot V = \frac{n \cdot R \cdot T \cdot V}{V}$

$p \cdot V = \frac{n \cdot R \cdot T \cdot \cancel{V}}{\cancel{V}}$

$p \cdot V = n \cdot R \cdot T \quad | \div p$

$\frac{p \cdot V}{p} = \frac{n \cdot R \cdot T}{p}$

$\frac{\cancel{p} \cdot V}{\cancel{p}} = \frac{n \cdot R \cdot T}{p}$

$V = \frac{n \cdot R \cdot T}{p}$

V und p werden so einfach nur miteinander vertauscht. Als nächstes sollst du diese Gleichung zur Temperatur T auflösen. Dazu multiplizierst du zuerst mit p und dividierst anschließend durch n · R.

$V = \frac{n \cdot R \cdot T}{p} \quad | \cdot p$

$V \cdot p = \frac{n \cdot R \cdot T \cdot p}{p}$

$V \cdot p = \frac{n \cdot R \cdot T \cdot \cancel{p}}{\cancel{p}}$

$V \cdot p = n \cdot R \cdot T \quad | \div (n \cdot R)$

$\frac{V \cdot p}{n \cdot R} = \frac{n \cdot R \cdot T}{n \cdot R}$

$\frac{V \cdot p}{n \cdot R} = \frac{\cancel{n \cdot R} \cdot T}{\cancel{n \cdot R}}$

$\frac{V \cdot p}{n \cdot R} = T$ bzw. $T = \frac{V \cdot p}{n \cdot R}$

> **Übrigens ...**
> Produkte und Brüche darf man „am Stück" innerhalb der Gleichung verschieben und kürzen. Schritt für Schritt (zunächst |:n, anschließend |:R) wäre

1 Basis – Grundrechenarten

natürlich auch richtig, würde das Umformen aber weniger übersichtlich machen.

Bevor du dich nun gleich auf die Basics Aufgaben stürzt, empfiehlt es sich, einige Formeln zu schnappen und daran das Umstellen zu üben. Denn je mehr du übst, desto sicherer, fehlerfreier und schneller wirst du dabei.

1.4 Aufgaben

Ba1 (Übungsaufgabe)
Bei einem Lungenfunktionstest zeigt der Patient ein AZV (= Atemzugvolumen) von 0,4 l und eine AF (= Atemfrequenz) von 20 min^{-1}. Wie hoch ist circa die Totraumventilation unter der Annahme eines normalen Totraumanteils?

Ba2 (Übungsaufgabe)
Mit einem EMG (= Elektromyografie) wird die elektrische Muskelaktivität gemessen. Ein 65-jähriger Patient zeigt eine Aktivität von 360 Zuckungen in einer Minute seiner rechten Finger. Wie groß ist die Frequenz in Hz?

Ba3
Das Elektrokardiogramm (EKG) eines Patienten wird auf einem Papierstreifen aufgezeichnet, der mit einer Geschwindigkeit von 50 mm/s unter den Schreibstiften hindurchtransportiert wird. Die R-Zacken erscheinen in regelmäßigem Abstand von 30 mm auf dem Papier. Wie groß ist die Herzfrequenz?

Ba4
Durch einen Körper mit dem elektrischen Leitwert 2 mS fließt Strom mit der elektrischen Stromstärke 0,2 A. Welche elektrische Spannung liegt zwischen Ein- und Austrittspunkt des Körpers?

Ba5
Bei einer Reizstromtherapie (transkutane elektrische Nervenstimulation) bilden die beiden Hautkontakte und das Gewebe eine elektrische Serienschaltung mit den Leitwerten 1 mS, 2 mS und 1 mS: Wie groß ist der Gesamtleitwert dieser Anordnung?

Ba6
Zum Personenschutz vor den gefährlichen Schädigungen durch einen Elektrounfall werden in Neubauten „FI-Schalter" (residual current protective devices, RCDs) installiert. Wird ein unter Spannung stehendes und unzulänglich isoliertes Kabel von einer Person berührt, so fließt Strom über die Person ab. Überschreitet dieser „Fehlerstrom" („FI") eine bestimmte elektrische Stromstärke, so trennt der „FI-Schalter" nach einer kurzen Zeit die Netzspannung ab. Eine Person ist in Kontakt mit einem defekten Kabel der (im Haushalt üblichen) Spannung 230 V, wodurch ein „Fehlerstrom" von etwa 10 mA fließt. Nach etwa 0,2 s schaltet der „FI-Schalter" die Spannung ab. Nahezu die gesamte elektrische Energie des „Fehlerstroms" wird im Körper der Person umgesetzt. Etwa wie groß ist diese Energie?

Ba7
Bei 18 °C Lufttemperatur wird die inspiratorische Vitalkapazität eines Sportlers bestimmt, wobei sie vom Messgerät automatisch in BTPS-Bedingungen umgerechnet und mit 6,2 L angegeben wird. Schätzen Sie (unter Vernachlässigung von Effekten der Luftfeuchtigkeit und von Druckunterschieden) ab, wie groß das Luftvolumen, das vom Sportler eingeatmet wurde, bei 18 °C tatsächlich war.

Die Lösungen zu diesen Aufgaben findest du ab Seite 34.

2 Rechnen mit Einheiten

Eine Vielzahl der Aufgaben des schriftlichen Physikums lässt sich ohne die Kenntnis physikalischer, chemischer oder mathematischer Formeln lösen. Oft reicht schon das Beherrschen der Grundrechenregeln, vor allem im Bereich des Bruchrechnens, zusammen mit einem Blick auf die Einheiten der Werte in Frage und Antwortmöglichkeiten. Es empfiehlt sich hierbei, Schritt für Schritt vorzugehen:

1. **Infos extrahieren:** Zunächst solltest du erfassen, welche Informationen (in Form von Zahlen und den dazugehörigen Einheiten) in der Aufgabe enthalten sind, und zwar BEVOR du mit dem Rechnen beginnst. So kannst du „Verwirrangaben" (im folgenden Beispiel die Angabe der 500 kHz) von vornherein aus deinen Überlegungen streichen und damit eine potenzielle Fehlerquelle ausschließen.
2. **Welche Einheiten haben die Lösungen?** Im nächsten Schritt hilft der Blick auf die Einheiten der Antwortmöglichkeiten, der dir verrät, wie du die verbleibenden Zahlen (häufig als Bruch) anordnen musst, um zur richtigen Lösung zu gelangen.
3. **Einheiten angleichen:** Stimmen die Einheiten in Frage und/oder Lösung nicht überein, solltest du versuchen, sie so umzuformen, dass sie es tun. Beispiel: Wird in einer Frage ein Wert mit der Einheit Watt und ein anderer mit der Einheit Joule angegeben, so mag das im ersten Moment verschieden aussehen, auf den zweiten Blick ist es das jedoch nicht mehr, denn die Watt lassen sich umformen zu Joule pro Sekunde.

Hierzu ein Beispiel aus dem Frühjahresphysikum 2009: Ein Elektroskalpell (zum „Schneiden" mit elektrischem Wechselstrom in der Chirurgie) wird als „monopolare" Elektrode verwendet. Die Gegenelektrode („Neutralelektrode") am Rücken des Patienten hat eine Kontaktfläche von etwa 500 cm^2. Der Strom zwischen den Elektroden hat eine Frequenz von etwa 500 kHz und eine Stromstärke von etwa 1 A. (Die Ladungsträger treten senkrecht durch die Kontaktfläche.) Etwa wie groß ist die Stromdichte an der Gegenelektrode?

(A) $40 \frac{\mu A}{m^2}$ (B) $0{,}2 = \frac{\mu A}{m^2}$ (C) $20 \frac{A}{m^2}$

(D) $50 \frac{m^2}{kA}$ (E) $5 \frac{m^2}{A}$

Diese Frage lässt sich selbst ohne das wertvolle Wissen über Wechselstrom und Neutralelektroden schnell und einfach beantworten. Der Aufgabentext enthält die Werte 500 cm^2, 500 kHz und 1 A. Die Einheiten der Antwortmöglichkeiten verraten, dass etwas gesucht wird, das sich durch

$$\frac{\text{Stromstärke}}{\text{Fläche}}$$

(s. Lösungen A bis C) oder aber durch

$$\frac{\text{Fläche}}{\text{Stromstärke}}$$

(s. Lösung D bis E) ausdrücken lässt.
Nirgends zu finden ist dagegen eine Zeiteinheit, also Sekunden, Minuten, Stunden usw. Da ein Hertz definiert ist als $Hz = \frac{1}{s}$

darfst du die 500 kHz bei deinen Überlegungen getrost außen vor lassen. Was bleibt, sind die 500 cm^2 (0,05 m^2) und das 1 A, die zusammen in Form eines Bruchs die gesuchte Stromdichte darstellen sollen.
Beide Möglichkeiten eines Bruchs

$$\frac{1\ A}{0{,}05\ m^2} = \frac{100\ A}{5\ m^2} = 20\ \frac{A}{m^2}$$

als auch

$$\frac{0{,}05\ m^2}{1\ A} = \frac{50\ m^2}{1000\ A} = 50\ \frac{m^2}{kA}$$

finden sich in Form der Antwortmöglichkeiten (C) und (D). Doch welche ist davon die richtige? Beschreibt die Stromdichte, wie viele Quadratmeter man pro Ampère hat oder umgekehrt

2 Rechnen mit Einheiten

wie viele Ampère pro Quadratmeter? Hier hilft ein wenig physikalisches Grundverständnis. Wenn man weiß, dass die Dichte beschreibt, wie viel von etwas pro Fläche oder Volumen vorhanden ist, hat man auch schon die richtige Antwort gefunden:

(C) $20 \frac{A}{m^2}$

Diese Form der Herangehensweise an eine Physikumsaufgabe empfiehlt sich vor allem dann, wenn notwendige physikalische oder chemische Grundkenntnisse beim Lernen unglücklicherweise auf der Strecke geblieben sind.

Knapp ein Drittel der Teilnehmer des Physikums, in dem diese Aufgabe gestellt wurde, hatte ein Problem mit der Umrechnung von 500 cm² zu 0,05 m² und kreuzte deshalb fälschlicherweise (B) an. Beim Umformen der Einheiten von Flächen und Volumina muss aber immer auch der Exponent der Einheit in der Zehnerpotenz mit berücksichtigt werden. Also NICHT etwa
500 cm² = 500 · 10⁻² m² = 5 m²,
sondern
500 cm² = 500 · 10⁻²·² m² = 500 · 10⁻⁴ m² = 0,05 m².

2.1 Aufgaben

Aus lerntheoretischen Gründen halten wir es grundsätzlich für sinnvoll, die Lösungsvorschläge im ersten Schritt außer Acht zu lassen und die Aufgaben frei zu rechnen. Bei Aufgaben, die den hier aufgeführten Fragen ähneln, kann es jedoch hilfreich sein, sich die Einheiten der Lösungen anzuschauen und sie als Anhaltspunkt für den Rechenweg zu nehmen. Wenn du diesen Anhaltspunkt nutzen willst, kannst du dir die acht Lösungsmöglichkeiten auf den nächsten beiden Seite dieses Skripts ohne Lösungskommentar ansehen.

E1
Bei einem Patienten beträgt bei einer Druckdifferenz zwischen Alveole und Umgebungsluftdruck von 0,2 kPa die Ausatemstromstärke 0,5 l · s⁻¹. Wie groß ist der (momentane) Atemwegs(strömungs)widerstand?

E2
Das Herz leistet als zweifache Pumpe hauptsächlich Druck-Volumen-Arbeit (Druckarbeit, Volumenarbeit), indem es jeweils Volumen unter Druck aus den Ventrikeln gegen einen Strömungswiderstand verschiebt. Zur Vereinfachung wird der Druck jeweils als konstant angesehen.

	Druck	Volumen
rechter Ventrikel	2 kPa	70 ml
linker Venrikel	14 kPa	70 ml

Etwa wie groß ist anhand dieser Daten die Druck-Volumen-Arbeit, die beide Herzventrikel gemeinsam bei einem Herzschlag erbringen?

E3
Myoglobin (Mb) dient u. a. dem Transport von O_2 in Muskelzellen. Die Geschwindigkeitskonstante k für die Bindung von O_2 an Mb sei $2 \cdot 10^7$ l · mol⁻¹ · s⁻¹. Die Gleichgewichtskonstante K für die Bindung von O_2 an Mb sei 10^6 l · mol⁻¹.
Welche Geschwindigkeitskonstante k ergibt sich daraus für die Dissoziation des O_2 vom Mb?

E4
Die mittlere erythrozytäre Hämoglobinkonzentration (= MCHC) sei 320 g/l Erythrozyten. Die Molekülmasse von Hämoglobintetrameren beträgt etwa $64 \cdot 10^3$ u.
Wie viel Sauerstoff pro Liter Erythrozyten kann intraerythrozytär an Hämoglobin gebunden maximal transportiert werden?

E5
Zur Bestimmung der afferenten Leitungsgeschwindigkeit des N. medianus wird am Daumen elektrisch gereizt und am Handgelenk sowie am Ellenbogen durch Oberflächenelektroden das Summenaktionspotenzial abgeleitet. Die Leitungsstrecke vom Daumen zum

Handgelenk beträgt 10 cm und die Zeitdauer zwischen Reizbeginn und Summenaktionspotenzial 4 ms. Die Leitungsstrecke vom Daumen zum Ellenbogen beträgt 40 cm und die Zeitdauer zwischen Reizbeginn und Summenaktionspotenzial 10 ms. Welche Nervenleitungsgeschwindigkeit ergibt sich aus diesen Messdaten?

E6
Die Osmolarität einer Lösung ist dem Blutplasma isoton. Das Volumen der Lösung beträgt 0,6 l. Durch Zugabe von 60 mmol einer gut löslichen, nicht in Ionen dissoziierenden Substanz wird die Osmolarität der Lösung um etwa 0,1 osmol/l erhöht, ohne das Volumen nennenswert zu verändern.
Etwa wie viel (reines) Wasser muss zu den 0,6 l gegeben werden, damit die Lösung wieder isoton wird?

E7
In der Regenbogenpresse findet man immer mal wieder den gut gemeinten Rat, eine Diät zur Gewichtsreduktion könne dadurch unterstützt werden, dass man nur gekühlte Speisen und Getränke zu sich nimmt. Der spezifische Brennwert von Bier sei etwa $2000 \frac{kJ}{kg}$, seine spezifische Wärmekapazität etwa $4 \frac{kJ}{kg \cdot k}$ und seine Dichte näherungsweise so groß wie die von Wasser.
Etwa welche Energie wird benötigt, um 0,5 l Bier von 7 °C auf 37 °C Körpertemperatur zu erwärmen?

E8
Mit Heparin versetzte Blutproben werden zur Abtrennung des Plasmas mit der Winkelgeschwindigkeit $\omega = 300\ s^{-1}$ (also fast 3000 Umdrehungen pro Minute) zentrifugiert.
Wie groß ist die auf die Proben in einem radialen Abstand r = 20 cm von der Drehachse wirkende Beschleunigung (bei gleichförmiger Kreisbewegung)?

Die Lösungen zu diesen Aufgaben findest du ab Seite 37.

2.2 Lösungsmöglichkeiten

E1
(A) $0{,}08\ kPa^2 \cdot l^{-1} \cdot s$
(B) $0{,}1\ kPa \cdot l \cdot s^{-1}$
(C) $0{,}4\ kPa \cdot l^{-1} \cdot s$
(D) $2{,}5\ l \cdot s^{-1} \cdot kPa^{-1}$
(E) $12{,}5\ l \cdot s^{-1} \cdot kPa^{-2}$

E2
(A) 0,11 Nm
(B) 1,1 Nm
(C) 2,2 Nm
(D) 11 Nm
(E) 2,2 kNm

E3
(A) $0{,}05\ s^{-1}$
(B) $0{,}5\ s^{-1}$
(C) $1\ s^{-1}$
(D) $2\ s^{-1}$
(E) $20\ s^{-1}$

E4
(A) 2 mmol/l Erythrozyten
(B) 5 mmol/l Erythrozyten
(C) 10 mmol/l Erythrozyten
(D) 20 mmol/l Erythrozyten
(E) 50 mmol/l Erythrozyten

E5
(A) 10 m/s
(B) 25 m/s
(C) 40 m/s
(D) 50 m/s
(E) 70 m/s

E6
(A) 0,1 l
(B) 0,2 l
(C) 0,3 l
(D) 0,4 l
(E) 0,5 l

2 Rechnen mit Einheiten

E7
(A) 4 kJ
(B) 40 kJ
(C) 60 kJ
(D) 120 kJ
(E) 600 kJ

E8
(A) $12 \text{ m} \cdot \text{s}^{-2}$
(B) $60 \text{ m} \cdot \text{s}^{-2}$
(C) $3{,}6 \cdot 10^3 \text{ m} \cdot \text{s}^{-2}$
(D) $1{,}8 \cdot 10^4 \text{ m} \cdot \text{s}^{-2}$
(E) $4{,}5 \cdot 10^5 \text{ m} \cdot \text{s}^{-2}$

Mehr Cartoons unter www.medi-learn.de/cartoons

Pause

Prima! Ein paar Seiten hast du schon geschafft!
Jetzt erstmal 5 Minuten Pause!

3 Zehnerpotenzen und Logarithmen

Das Rechnen mit Logarithmen, und vor allem mit Zehnerpotenzen, gehört zu den Topthemen der Aufgaben mit mathematischem Anteil im Physikum. In dieser Disziplin geht es nicht nur darum, Kommata richtitg von rechts nach links und zurück von links nach rechts verschieben zu können, sondern auch darum, Einheiten korrekt zuzuordnen und auf einen Blick zu erkennen, dass z. B. $1 \cdot 10^{-6}$ m gleichbedeutend mit 1μm ist, und dass dies wiederum 0,001 mm entspricht. Diese Gedankengänge solltest du zum Zeitpunkt der Physikumsprüfung blind entlang laufen können und zwar vorwärts und rückwärts.

3.1 Warum überhaupt Zehnerpotenzen?

Zehnerpotenzen helfen, lange und damit unübersichtliche Dezimalzahlen kurz zusammenzufassen. Der Exponent gibt dabei – vereinfacht ausgedrückt – die Anzahl der Nullen hinter der 1 an, wenn es sich um eine Zahl größer als 1 handelt, oder aber die Anzahl der Nullen vor der 1, wenn die Zahl zwischen 0 und 1 liegt. Zehnerpotenzen ersparen dir umständliches und mühevolles Nullenzählen beim Erkennen einer Zahl. Wer z. B. weiß, dass ein femto 15 Nullen hat, erkennt diese Zahl viel einfacher in der Form 10^{-15} als ausgeschrieben 0,000000000000001.

Einen Überblick über die Physikumsfavoriten dieser Zahlenspezies gibt dir Tab. 1, S. 11.

3.2 Rechnen mit Zehnerpotenzen

> **Merke!**
>
> Beim Multiplizieren zweier Zehnerpotenzen addiert man ihre Exponenten: $10^n \cdot 10^m = 10^{n+m}$.
> Beispiel: $10^4 \cdot 10^5 = 10^9$
> Dividiert man zwei Zehnerpotenzen, zieht man den Exponenten der zweiten Zehnerpotenz von dem der ersten ab: $10^n \div 10^m = 10^{n-m}$.
> Beispiel $10^8 \div 10^{-3} = 10^{8-(-3)} = 10^{11}$

Symbol	Vorsilbe	Faktor	Dezimalzahl
M	mega-	$(10^3)^2 = 10^6$	1 000 000
k	kilo-	$(10^3)^1 = 10^3$	1000
h	hekto-	10^2	100
da	deka-	10^1	10
-	-	10^0	1
d	dezi-	10^{-1}	0,1
c	centi-	10^{-2}	0,01
m	milli-	$(10^{-3})^1 = 10^{-3}$	0,001
μ	mikro-	$(10^{-3})^2 = 10^{-6}$	0,000001
n	nano-	$(10^{-3})^3 = 10^{-9}$	0,000000001
p	pico-	$(10^{-3})^4 = 10^{-12}$	0,000000000001
f	femto-	$(10^{-3})^5 = 10^{-15}$	0,000000000000001

Tab. 1: Zehnerpotenzen

3 - Zehnerpotenzen und Logarithmen

Schon mit Kenntnis dieser beiden Rechenregeln lässt sich eine weitere sehr hilfreiche Regel ableiten. Dazu folgendes Beispiel:

$$\frac{10^{12}}{10^{-6}} = 10^{12} \div 10^{-6} = 10^{12-(-6)} = 10^{12+6}$$

$$= 10^{12} \cdot 10^{6} = 10^{6} \cdot 10^{12} = 10^{6+12} = 10^{6-(-12)}$$

$$= 10^{6} \div 10^{-12}$$

Oder allgemein und kurz gefasst:
$$\frac{10^{-n}}{10^{m}} = \frac{10^{-m}}{10^{n}}$$

Zehnerpotenzen in Brüchen kann man also beliebig vom Zähler in den Nenner und vom Nenner in den Zähler setzen, vorausgesetzt man verändert dabei die Vorzeichen ihrer Exponenten. Das ist vor allem dann praktisch, wenn beispielsweise die gesuchte Variable im Nenner eines Bruches steht: $\frac{10^{96}}{x^{-3}} = x^{3} \cdot 10^{96}$

Übrigens ...
In der praktischen Anwendung und auch in den Aufgaben des schriftlichen Examens werden Zehnerpotenzen häufig in Form von Multiplikationen benutzt. Möchtest du zum Beispiel 0,000006 Meter als Zehnerpotenz ausdrücken, schreibst du einfach 6 · 10⁻⁶ m (6 · 0,000001 m).

Und weiter geht's mit dem Potenzieren und Wurzelziehen bei Zehnerpotenzen: Möchte man zwei Zehnerpotenzen potenzieren, multipliziert man beide Exponenten.

$(10^{n})^{m} = 10^{n \cdot m}$, zum Beispiel $(10^{3})^{5} = 10^{3 \cdot 5} = 10^{15}$

Möchte man bei Zehnerpotenzen die Wurzel ziehen, dividiert man den Exponenten durch 2.

$\sqrt{10^{n}}$ lässt sich umformen zu $(10^{n})^{\frac{1}{2}}$ und gemäß der Regel, die du gerade kennen gelernt hast, weiter umformen zu $10^{n \cdot \frac{1}{2}}$, zum Beispiel $\sqrt{10^{10}} = (10^{10})^{\frac{1}{2}} = 10^{10 \cdot \frac{1}{2}} = 10^{5}$.

Solltest du jemals die n-te Wurzel einer Zehnerpotenz ($= \sqrt[n]{10^{m}}$) ziehen müssen, wird dir selbst dies gelingen:
$\sqrt[n]{10^{m}}$ bedeutet nämlich lediglich $(10^{m})^{\frac{1}{n}}$.
Also zum Beispiel
$\sqrt[5]{10^{20}} = (10^{20})^{\frac{1}{5}} = 10^{20 \cdot \frac{1}{5}} = 10^{\frac{20}{5}} = 10^{4}$

3.3 Zehnerpotenzen für Fortgeschrittene – der dekadische Logarithmus

$\log(10) = 1 = \log(10^{1})$
$\log(100) = 2 = \log(10^{2})$
$\log(1000) = 3 = \log(10^{3})$
$\log(10000) = 4 = \log(10^{4})$

Durch dekadisches Logarithmieren lässt sich also der Exponent der Zehnerpotenz herausfinden, die der Zahl entspricht, die logarithmiert wurde. Doch wofür braucht man als Mediziner überhaupt einen Logarithmus?
Gefragt wird der Logarithmus im Physikum vor allem in Chemie, bei der Berechnung von pH- und pK-Werten oder in der Nernst-Gleichung. Zur Erinnerung:
– pH = neg. dekadischer Logarithmus der H_3O^{+}-Ionen Konzentration,
– pK = neg. dekadischer Logarithmus der Dissoziationskonstante K.
– Mit der Nernst-Gleichung lässt sich z. B. das Membranpotenzial berechnen.

Beispiele:
Bei einer H_3O^{+}-Ionen Konzentration von 10^{-2} beträgt der pH-Wert der Lösung 2.
Hat eine Säure einen Ks-Wert von 10^{6}, beträgt ihr pKs Wert –6, was bedeutet, dass sie eine starke Säure ist.
Daneben findet man den Logarithmus aber auch bei allen exponentiellen Vorgängen, wie z. B. dem Zellwachstum, der Zerfallskonstante beim radioaktiven Zerfall oder in der Physiologie des Hörens: Der in Dezibel gemessene Schalldruckpegel ist eine logarithmische Maßeinheit.

3.4 „Krumme" Logarithmen – und wie man sie ohne Taschenrechner herausfindet

Übrigens ...
Logarithmische Zusammenhänge lassen sich in einem Diagramm als charakteristische exponentielle Kurven darstellen (s. Abb. 1, S. 13). Trägt man sie halblogarithmisch auf, bedeutet dies, dass die Y-Achse an den Logarithmus angepasst ist und die Kurve daher linear (eine Gerade) wird (s. Abb. 2, S. 13). Das erleichtert das Ablesen der Werte extrem.

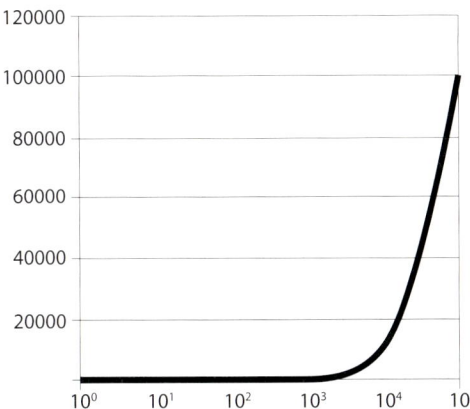

Abb. 1: Logarithmische exponentielle Kurve
medi-learn.de/6-mathe-1

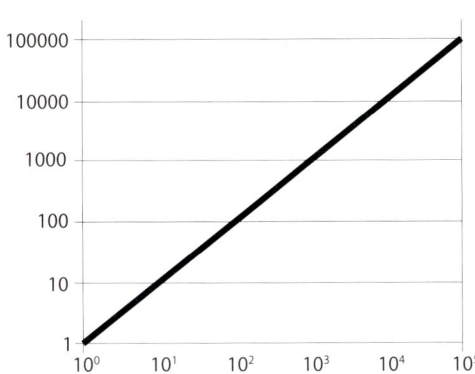

Abb. 2: Halblogarithmische exponentielle Kurve
medi-learn.de/6-mathe-2

3.4 „Krumme" Logarithmen – und wie man sie ohne Taschenrechner herausfindet

Natürlich gibt es auch „krumme" Logarithmen:
$\log(3) = 0{,}477121254$

das bedeutet $10^{0{,}477121254} = 3$
$\log(726) = 2{,}860936621$
das bedeutet $10^{2{,}860936621} = 726$

Die Notwendigkeit des Errechnens der dekadischen Logarithmen solcher „krummer" Zahlen ist im Examen eine echte Rarität. Sollte es dennoch einmal nötig sein, reicht im Regelfall eine Annäherung. Nimm dazu einfach mal das erste Beispiel:

$\log(3) = ?$
$\log(1) = 0$
$\log(10) = 1$

Um diese Aufgabe zu lösen, bildest du zunächst im Kopf die beiden dekadischen Logarithmen „links und rechts" der gesuchten Zahl 3. In diesem Fall sind das log(1) und log(10). Da die 3 eher im unteren Bereich zwischen 1 und 10 liegt, kannst du noch grob schätzen, dass log(3) kleiner sein wird als 0,5. Mit diesem Wissen darfst du dich auch schon an die fünf Antwortmöglichkeiten wagen und wirst dort sicherlich die passende finden.

$$\log(1) = 0 \;\overset{\log(3)<0{,}5}{\underset{\uparrow}{\vdash\!\!\dashv}}\; \log(10) = 1$$

Für das zweite Beispiel gilt: $\log(726) = ?$
$\log(100) = 2$
$\log(1000) = 3$

Analog zur obigen Vorgehensweise muss hier das gesuchte Ergebnis irgendwo zwischen 2 und 3 liegen. Da 726 eine Zahl ist, die dichter an 1000 und damit an log(1000) = 3 liegt, als an 100 und damit log(100) = 2, könnt ihr davon ausgehen, dass log(726) größer als 2,5 sein wird.

$$\log(100) = 2 \;\overset{\log(726)>2{,}5}{\underset{\uparrow}{\vdash\!\!\dashv}}\; \log(1000) = 3$$

3.5 Der Schalldruckpegel

Das IMPP stellt in der Physiologie des Hörens immer gerne mathematische Aufgaben, die darauf abzielen, dein Wissen über die Logarithmen des Schalldruckpegels abzufragen.
Der Schalldruckpegel ist, ähnlich dem pH-Wert, ein logarithmierter Wert zur besseren Handhabe in Klinik und Praxis: Welcher Arzt möchte schon mit Schalldrücken wie $2 \cdot 10^{-5}$ Pa rechnen? Die Einheit des Schalldruckpegels ist dB

3 - Zehnerpotenzen und Logarithmen

(Dezibel). Auf den Schalldruckpegel hat sowohl der Schalldruck als auch die Schallintensität Einfluss. Keine Angst, im Physikum musste bisher nie der tatsächliche Schalldruckpegel ausgerechnet werden, sondern immer nur die Änderung desselbigen, wenn sich Schalldruck/Schallintensität um den Faktor X ändern. Zum Ausdruck kommt dies in den Formeln (vgl. Formelsammlung).

Schalldruck:
Änderung des Schalldruckpegels (L)
= 20 · log Faktor der Änderung (s)
Schallintensität:
Änderung des Schalldruckpegels (L)
= 10 · log Faktor der Änderung (i)

Um diese Rechenaufgaben schnell beantworten zu können, musst du gar nicht die Formeln auswendig lernen, es genügt, wenn du die beiden Tabellen (vgl. Formelsammlung) im Physikum visualisieren kannst.

Die **20er-Tabelle**, wenn es um einen geänderten **Schalldruck** geht:

Schalldruck Faktor (s)	10	100	1000
log s	1	2	3
Schalldruckpegel (· 20)	20 dB	40 dB	60 dB

Tab. 2: Schalldruck 20er Tabelle

Und die **10er-Tabelle**, wenn es um eine geänderte **Schallintensität** geht:

Schallintensität Faktor (i)	10	100	1000
log i	1	2	3
Schallintensitätspegel (· 10)	10 dB	20 dB	30 dB

Tab. 3: Schallintensität 10er Tabelle

Du siehst, die Tabellen gleichen sich stark, lediglich am Ende wird der Logarithmus des Faktor 10/100/1000 entweder mit 20 oder mit 10 multipliziert.

3.6 Aufgaben

Z1
Bei einem Patienten mit Verdacht auf Ablösung der Retina wird zur Abklärung das Ultraschall-Puls-Echo-Verfahren verwendet. Der Schallkopf, der als Schallgeber und Empfänger fungiert, wird auf die Cornea gesetzt. Die Schallgeschwindigkeit im Auge beträgt etwa 1,5 km/s. Der Abstand zwischen den Vorderflächen von Cornea und Retina beträgt bei dem Patienten 22,5 mm. Etwa wie groß ist die gesamte Laufzeit des Signals (also von der Cornea-Vorderfläche zur Retina-Vorderfläche und wieder zurück zur Cornea-Vorderfläche)?

Z2
Eine Person hat einen Energieumsatz in körperlicher Ruhe von 100 W. Die Außentemperatur ist so hoch wie die Hauttemperatur und die 100 W Wärme werden vollständig durch Evaporation (Verdunstung von Wasser) abgegeben. Die spezifische Verdunstungswärme von Wasser beträgt etwa 2,4 MJ/kg. Etwa welches Volumen an Wasser verliert hierbei der Körper durch Evaporation während einer Stunde?

Z3
Die intrazelluläre Na^+-Konzentration beträgt etwa 15 mmol/l. Etwa wie viele Na^+-Ionen befinden sich in 1 μm^3 (= 1 fl) intrazellulärem Volumen?

Z4
Eine Sauerstoff-Vorratsflasche enthält $V_0 = 10$ l bei einem Anfangsdruck $P_0 = 2 \cdot 10^7$ Pa. Näherungsweise darf hierbei das Gas als ideal angesehen werden. Wenn man das Gas ohne Änderung der Temperatur mit Umgebungsdruck $P_U \approx 1 \cdot 10^5$ Pa ausströmen lässt, erhält man insgesamt etwa welches Umgebungsvolumen?

Z5
Die Nernst-Gleichung für das Gleichgewichtspotenzial U_G lautet für einwertige Ionen und bei 30 °C nach Einsetzen der Zahlenwerte für die Konstanten: $U_G = 60 \text{ mV} \cdot \lg \frac{c_a}{c_i}$

3.6 Aufgaben

Lg bedeutet Logarithmus zur Basis 10, also $\log_{10}$. Die (physikochemisch wirksame) Konzentration der Na⁺-Ionen sei extrazellulär c_a = 100 mmol/l und zytosolisch c_i = 10 mmol/l. Außerdem sei die Zellmembran praktisch nur für Na⁺-Ionen durchlässig. Etwa welches Potenzial U_G (transmembranär innen gegen außen) stellt sich ein?

Z6
Ein Patient mit entzündeten Nasennebenhöhlen erhält eine Mikrowellenbestrahlung. Das Mikrowellentherapiegerät sendet elektromagnetische Wellen mit einer Frequenz von etwa 2,5 GHz. Etwa wie groß ist die Wellenlänge dieser Strahlung in Luft?

Z7
Der von einem Schallkopf eines medizinischen Geräts zur sonographischen Diagnostik emittierte Ultraschall hat die Frequenz 10 Mhz. Welche Größe hat die Wellenlänge im Gewebe bei einer Schallgeschwindigkeit dort von etwa 1,5 km/s?

Z8
Einem Patienten werden innerhalb von 10 s kontinuierlich 10 ml einer Lösung in eine Vene injiziert. Die Kanüle hat eine Länge von 33 mm und eine Innenquerschnittsfläche von 0,5 mm². Etwa mit welcher (mittleren) Strömungsgeschwindigkeit tritt die Flüssigkeit aus der Kanüle aus?

Z9
Der menschliche Körper besteht zu etwa 70 % aus Wasser. Dies entspricht etwa 50 l H₂O bei einem Körpergewicht von 70 kg. Wie hoch ist die Konzentration eines wasserlöslichen Medikaments mit der molaren Masse 200 g/mol, wenn eine Tablette von 20 mg eingenommen wird und sich das Medikament gleichmäßig im gesamten Körperwasser verteilt?

Z10
Die pH-Messung zweier Speichelproben ergibt: pH-Wert der Probe 1 = 6,1; pH-Wert der Probe 2 = 6,4. Etwa wie groß ist die H₃O⁺-Ionenkonzentration der Probe 1 im Vergleich zu der von Probe 2?

(10^{-3} ≈ 0,5; 6,1/6,4 ≈ 0,95; 6,4/6,1 ≈ 1,05; $e^{0,3}$ ≈ 1,35; $10^{0,3}$ ≈ 2,0)

Z11
Eine Natriumlactat-Lösung wird durch Lösen von 1,12 g Natriumlactat in Wasser und anschließendes Auffüllen auf 1 L Lösung hergestellt.
Hilfestellungen:
Relative Atommassen: Na ≈ 23, H ≈ 1, C ≈ 12, O ≈ 16. pK_S von Milchsäure ≈ 4, woraus der pK_B von Lactat ermittelbar ist. Es gilt pH ≈ 14 − (pK_B − $\log_{10}c$), wobei als c der Zahlenwert der in mol/L errechneten Stoffmengenkonzentration des Lactats einzusetzen ist.
Etwa welchen pH-Wert hat die Lösung?

Z12
Bei einem Patienten wird eine Tonschwellenaudiometrie durchgeführt. Damit er bei der Untersuchung den Prüfton von 1 000 Hz über Luftleitung hören kann, muss der Schalldruckpegel (SPL) 20 dB höher sein als bei einem Gesunden.
Um welchen Faktor ist somit der Schall(wechsel)druck (die Amplitude der Schallwellendruckschwankung) dieses Tons bei dem Patienten höher als beim Gesunden?

Z13
Eine Maschine erzeugt ein lautes Geräusch in einem engen Frequenzbereich. Durch den Einsatz von Gehörschützern mit einem Dämmwert von 20 dB hinsichtlich dieses Geräuschs wird die ins Ohr eingestrahlte Energie pro Zeit und Fläche (Schallintensität) vermindert. Andere Geräusche sind so leise, dass sie vernachlässigt werden können. Um welchen Faktor ändert sich durch die Schallschutzmaßnahme die Schallintensität?

Die Lösungen zu diesen Aufgaben findest du ab Seite 42.

4 Prozentrechnung

Das Rechnen mit Prozenten ist das Rechnen mit Teilen von Hundert (Hundertstel), das Rechnen mit Promille das Rechnen mit Teilen von Tausend (Tausendstel).

Übrigens ...
Prozent leitet sich von den lateinischen Worten pro (vor, für) und centum (hundert) ab. Analog dazu leitet sich Promille ab von pro und mille (tausend).

Sicherheit im Rechnen mit Prozenten und Promille ist nicht nur im Supermarkt bei der neusten Rabattaktion oder zur Prüfung der Fahrtauglichkeit nach Alkoholkonsum nützlich, sondern kann dir auch statt Punkten in Flensburg Punkte im schriftlichen Examen bescheren.
In Tab. 4, S. 16 findest du diejenigen Prozentzahlen zusammen mit ihren Brüchen und Dezimalzahlen, mit denen sich die meisten anderen Prozente ausrechnen lassen.

Prozent in %	Bruch	Dezimal
100	$\frac{1}{1}$	1
75	$\frac{3}{4}$	0,75
50	$\frac{1}{2}$	0,5
33	$\frac{1}{3}$	0,33
25	$\frac{1}{4}$	0,25
20	$\frac{1}{5}$	0,2
10	$\frac{1}{10}$	0,1
1	$\frac{1}{100}$	0,01

Tab. 4: Übersicht Prozentzahlen

Das wichtigste Instrument beim Prozentrechnen ist der **Dreisatz**. Die Bezeichnung Dreisatz bedeutet, dass man im Normalfall nur drei Rechenschritte braucht, um zum Ziel zu gelangen.

Beispiele:
a) Wie viel sind 40 % von 50 m?

1. Satz: Du definierst 100 % gleich dem Ausgangswert.
100 % = 50 m
2. Satz: Du rechnest vom Ausgangswert auf einen einfach zu handhabenden Zwischenwert runter, mit dem sich der Zielwert leicht errechnen lässt. In diesem Fall würden sich als Zwischenwert z. B. 10 % anbieten, da dies

ein Zehntel des Ausgangswertes ist und mit vier multipliziert die gesuchten 40 % liefert.
10 % = ? m
Um von 100 % auf 10 % zu gelangen, musst du durch 10 teilen. Das bedeutet, dass du auch die 50 m auf der anderen Seite des Gleichheitszeichens durch 10 teilen musst.
100 % = 50 m | : 10
 10 % = 5 m

3. Satz: Den Zwischenwert von 10 % musst du jetzt nur noch mit vier multiplizieren, um auf den gewünschten Zielwert von 40 % zu kommen.

100 % = 50 m | : 10

10 % = $\frac{50}{10}$ = 5 m | · 4

40 % = 5 m · 4 = 20 m

b) Wie viel sind 73 % von 70 kPa?

1. Satz: 100 % = Ausgangswert :
 100 % = 70 kPa
2. Satz: Einen geschickten Zwischenwert errechnen: 100 % = 70 kPa | : 10
   10 % = 7 kPa | : 10
    1 % = 0,7 kPa
3. Satz: Von den Zwischenwerten auf den Zielwert:
   70 % = 7 · 7 kPa = 49 kPa
    3 % = 3 · 0,7 kPa = 2,1 kPa
   73 % = 49 kPa + 2,1 kPa = 51,1 kPa

4.1 Aufgaben

P1
Etwa wie viel festes Kochsalz muss zur Herstellung von 2 l einer physiologischen Kochsalzlösung (0,9 %igen NaCl-Lösung) abgewogen werden?

P2
Der Luftdruck in einer Flugzeugkabine beträgt 80 kPa (bei sehr geringer Luftfeuchtigkeit und ansonsten normaler Zusammensetzung der Luft). Etwa wie groß ist der O_2-Partialdruck in der Kabine?

P3
Eine Sehne wird innerhalb des Bereichs des Spannungs-Dehnungs-Diagramms, in dem das Hooke'sche Gesetz gilt, bei einem Elastizitätsmodul von 0,2 GPa mit einer Zugspannung von 6 N/mm² belastet. Welche relative Längenänderung der Sehne ergibt sich?

Die Lösungen zu diesen Aufgaben findest du ab Seite 49.

5 Fehlerrechnung

Dieser Abschnitt lehnt sich eng an das Skript Physik an. Die Physikumsaufgaben zur Fehlerrechnung erfordern jedoch weniger physikalisches Geschick, als vielmehr Sicherheit und Übung im Umgang mit der Mathematik, die du sicherlich nach Durcharbeiten dieses Abschnitts haben wirst.

Man unterscheidet zwei Arten von Fehlern:
- Den absoluten Fehler mit einem Fehlerintervall, das einen zählbaren und damit absoluten Wert angibt. Beispiel: 10 kg ± 2 kg. Der tatsächliche Wert liegt hier zwischen 8 kg und 12 kg.
- Den relativen Fehler mit einem Fehlerintervall, das einen Anteil des gemessenen Wertes angibt. Beispiel: 10 kg ± 20 %. 20 % von 10 kg = 2 kg. Der tatsächliche Wert liegt auch hier zwischen 8 kg und 12 kg.

Im schriftlichen Physikum taucht am häufigsten der relative Fehler auf.

5.1 Arithmetischer Mittelwert

Der arithmetische Mittelwert wird umgangssprachlich Durchschnitt genannt und beschreibt – mathematisch gesprochen – die kumulierten (aufsummierten) Messwerte, dividiert durch die Anzahl der Messungen.

$$\text{Mittelwert} = \frac{\Sigma \text{ Messwerte}}{\text{Anzahl der Messungen}}$$

Beispiel:
Wird der Puls eines Patienten zu drei Zeitpunkten gemessen und beträgt bei der ersten Messung 100 min^{-1}, bei der zweiten 110 min^{-1} und bei der dritten 120 min^{-1}, ergibt sich ein arithmetischer Mittelwert von:

$$\text{Mittelwert} = \frac{100\ min^{-1} + 110\ min^{-1} + 120\ min^{-1}}{3\ \text{Messungen}}$$

$$= \frac{330\ min^{-1}}{3\ \text{Messungen}} = 110\ min^{-1}$$

5.2 Aufgaben

F1
Ein Gerät zur Messung des Augeninnendrucks zeigt 20 mmHg Druckdifferenz zum Außenluftdruck. Das Gerät weist eine absolute Messunsicherheit von ± 3,0 mmHg auf. Wie groß ist die relative Messunsicherheit der gemessenen Druckdifferenz?

F2
Die Körpertemperatur eines Patienten wird fünfmal gemessen und ergibt folgende Werte:
37,2 °C
37,8 °C
37,2 °C
37,5 °C
37,3 °C
Wie groß ist der arithmetische Mittelwert?

Die Lösungen zu diesen Aufgaben findest du ab Seite 50.

6 Halbwertszeitrechnung

Die Halbwertszeit ist als die Zeit definiert, nach der nur noch die Hälfte der Menge einer Ausgangssubstanz oder die Hälfte ihrer Zerfallsaktivität vorhanden ist. Beispielsweise hat die radioaktive Substanz ^{235}Uran eine Halbwertszeit von 704 Jahren. Wenn ein Uranbrennstab heute $2 \cdot 10^{12}$ Teilchen radioaktiven ^{235}U besitzt, so sinkt die Anzahl der aktiven Uranteilchen in 704 Jahren auf die Hälfte = $1 \cdot 10^{12}$.
Nach drei Halbwertszeiten sind nur noch 12,5 % der radioaktiven Teilchen vorhanden (s. Tab. 5, S. 19 und Abb. 3, S. 19).

Anzahl Halbwertszeiten	Anzahl/Aktivität in %	Anzahl/Aktivität im Bruch
0	100	1/1
1	50	1/2
2	25	1/4
3	12,5	1/8
4	6,25	1/16
5	3,13	1/32

Tab. 5: Aktivität in Abhängigkeit der Halbwertszeiten

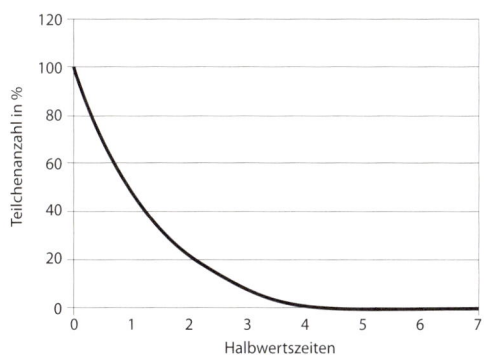

Abb. 3: Teilchenanzahl in Abhängigkeit der Halbwertszeiten *medi-learn.de/6-mathe-3*

Übrigens ...
Die Zeitdauer bis zur Bedeutungslosigkeit einer radioaktiven Substanz wird mit 10 Halbwertszeiten angegeben. Nach 10 Halbwertszeiten sind jedoch immer noch radiaktive Teilchen vorhanden und zwar genau:
$$\frac{1}{1024} = 0{,}1 \%$$

Nun zu einem andern Beispiel: Das Isotop ^{21}F hat eine Halbwertszeit von 4 s (s. Tab. 6, S. 19).

Anzahl Halbwertszeiten	Zeit in s	Aktivität in %
0	0	100
1	4	50
2	8	25
3	12	12,5
4	16	6,25
5	20	3,13

Tab. 6: Halbwertszeiten von ^{21}F

Mit jeder weiteren Halbwertszeit addieren sich in der Zeitzeile 4 s und die Aktivität in % halbiert sich. Dieser Zusammenhang lässt sich mit folgender Formel darstellen:

Zeit = Anzahl Halbwertszeiten · Halbwertszeit

Wird z. B. nach der Zeit gefragt, nach der ^{21}F auf 12,5 % seiner Ursprungsaktivität gefallen ist, solltest du überlegen, nach wie vielen Halbwertszeiten 12,5 % erreicht sind und anschließend nur noch einsetzen: Zeit = 3 · 4 s = 12 s.

6 - Halbwertszeitrechnung

6.1 Aufgaben

H1
Das radioaktive Iod-Isotop ^{131}I, das in der Radioiodtherapie eingesetzt wird, zerfällt mit einer Halbwertszeit von etwa 8 Tagen in das stabile ^{131}Xe. Etwa wie lange dauert es, bis die Aktivität eines radioaktiven ^{131}I-Präparates auf 10 % der Ursprungsaktivität abgefallen ist?

H2
In der Nuklearmedizin kommt u. a. das radioaktive Sauerstoff-Isotop ^{15}O zum Einsatz. Seine Aktivität nimmt in 20 min auf etwa 0,1 % des ursprünglichen Wertes ab. Etwa wie groß ist die Halbwertszeit des Nuklids?

H3
Bei einer Lebersonographie wird Ultraschall von 3,5 MHz eingesetzt, der im Gewebe exponentiell mit einer Halbwertstiefe von 1,2 cm abnimmt. Auf welchen Bruchteil hat die Schallintensität nach 6 cm Gewebedicke abgenommen?

Die Lösungen zu diesen Aufgaben findest du ab Seite 51.

Mehr Cartoons unter www.medi-learn.de/cartoons

Pause

Durchhalten! Ein paar Minuten Pause können nicht schaden. Und dann auf zu den letzten Seiten!

Wissen, das in keinem Lehrplan steht:

- Wo beantrage ich eine **Gratis-Mitgliedschaft** für den **MEDI-LEARN Club** – inkl. Lernhilfen und Examensservice?

- Wo bestelle ich kostenlos **Famulatur-Länderinfos** und das **MEDI-LEARN Biochemie-Poster**?

- Wann macht eine **Studienfinanzierung** Sinn? Wo gibt es ein **gebührenfreies Girokonto**?

- Warum brauche ich schon während des Studiums eine **Arzt-Haftpflichtversicherung**?

Lassen Sie sich beraten!
Nähere Informationen und unseren Repräsentanten vor Ort finden Sie im Internet unter
www.aerzte-finanz.de

Standesgemäße Finanz- und Wirtschaftsberatung

7 Optik

Auch in den Aufgaben zu diesem Fachgebiet gibt es wieder viele Überschneidungen mit dem Skript Physik. Abgesehen davon benötigen die Fragen zur Optik aber auch einen besonderen mathematischen Zugang, der dir in diesem Kapitel vorgestellt wird.

Klarer Favorit der mathematischen Aufgaben zur Optik ist die Brechkraft. Sie kann mit folgender Formel berechnet werden:

$$D = \frac{1}{f}$$

D = Brechkraft, f = Brennweite

Die Brechkraft verhält sich also reziprok zur Brennweite, was bedeutet, dass eine große Brechkraft mit einer kurzen Brennweite einhergeht und umgekehrt. Die Einheit der Brechkraft ist die Dioptrie (dpt).
Eine Dioptrie entspricht $\frac{1}{m} = m^{-1}$.

Ein weiterer Physikumsliebling ist die Akkommodationsbreite des Auges. Berechnet wird sie, indem man die höchste Brechkraft unseres Auges (kürzester Abstand, in dem ein Gegenstand scharf gesehen wird) von der geringsten Brechkraft abzieht (weitester Abstand, in dem ein Gegenstand scharf gesehen wird):

$$\text{Akkommodationsbreite} = \frac{1}{N} - \frac{1}{F}$$

N = Nahpunkt, F = Fernpunkt

Da bei Normalsichtigen (Emmetropen) und Weitsichtigen (Hyperopen) der Fernpunkt im Unendlichen liegt, nähert sich der Ausdruck

$$\frac{1}{F} = \frac{1}{\infty}$$

der Null (1 geteilt durch eine sehr hohe Zahl ergibt eine sehr kleine Zahl, vgl. Basics, Bruchrechnen, s. 1.2.3, S. 2).
Da man beim Berechnen sämtlicher Brennweiten sowie Nah- und Fernpunkte ständig 1 durch diese dividieren muss, ist es wichtig, fit im Bruchrechnen zu sein.

Du kannst das an folgendem Beispiel wiederholen:
Die Brennweite f einer Linse beträgt +0,2 m. Wie hoch ist die Brechkraft?

$$D = \frac{1}{f} = \frac{1}{0,2\ m}$$

Hier empfiehlt es sich, im Zähler und Nenner mit 10 zu erweitern.

$$D = \frac{1}{0,2\ m} \quad |\cdot 10$$

$$D = \frac{1 \cdot 10}{0,2\ m \cdot 10}$$

$$D = \frac{10}{2\ m} = 5\ m^{-1}$$

Damit ist die Brechkraft 5 m^{-1} = +5 dpt.

Um es nicht ganz so einfach zu machen, werden in den Aufgaben des schriftlichen Physikums die Brennweite und der Nahpunkt meist in Zentimetern und nicht in Metern angegeben. Damit du das Ergebnis trotzdem in dpt angeben kannst, solltest du die cm am besten sofort in m umrechnen. Die Umwandlung von

$$\frac{1}{cm}\ \text{in}\ \frac{1}{m} = dpt$$

ist komplizierter und daher eine unnötige Fehlerquelle.
Um die IMPP-Aufgaben zur Berechnung der Akkommodationsbreite bei Kurzsichtigen sicher lösen zu können, merke dir die Formel:

$$D_{Myopie} = \frac{1}{F}$$

Die Stärke der Myopie wird also über den Abstand des Fernpunktes definiert.
Mach dir das anhand dieses Beispiels klar:
Ein Kurzsichtiger trägt eine –4 dpt Streulinse um seine Myopie (D_{Myopie}) von +4 dpt auszugleichen. Eingesetzt in die obige Formel ergibt

$$2\ dpt = \frac{1}{F} \quad |\cdot F\ | \div 2\ dpt$$

$$= \frac{1}{2\ dpt}.$$

7.1 Aufgaben

Da dpt = 1/m kannst du auch schreiben

$$F = \frac{1}{2 \cdot \frac{1}{m}}.$$

Hier erinnerst du dich sicher an den tollen Trick aus dem Basics Kapitel (vgl. 1.2.3, S. 2) und holst die m hoch in den Zähler F = 1/2 · m. Damit hast du auch schon den Fernpunkt bei 0,5 m ausgerechnet. Leider ist es selten damit getan, das IMPP gibt zusätzlich gerne eine Akkommodationsbreite an und du sollst den Nahpunkt errechnen oder genau umgekehrt. Aber auch das ist kein Problem, du hast ja die Formel für die Akkommodationsbreite sicher schon parat. Der selbe Kurzsichtige hat eine Presbyopie entwickelt und sein Nahpunkt entfernt sich von kurzsichtigen 0,05 m auf 0,25 m.

$$AB = \frac{1}{N} - \frac{1}{F}$$

Eingesetzt $AB = \frac{1}{0,25 \text{ m}} - \frac{1}{0,5 \text{ m}}$ * | · 100

$$AB = \frac{100}{25 \text{ m}} - \frac{100}{50 \text{ m}}$$

$$AB = 4 \text{ dpt} - 2 \text{ dpt} \rightarrow AB = 2 \text{ dpt}.$$

* Zur leichteren Handhabe der Zahlen.

> **Übrigens ...**
> Die Berechnung der Akkommodationsbreite bei Weitsichtigkeit ist sehr kompliziert und damit eine Sache des Augenarztes und wird aus diesem Grund nicht im Physikum gefragt!

Sammellinsen haben eine positive Brechkraft. Daher werden Sammellinsen bei der Behandlung von Weitsichtigkeit eingesetzt, die mit einer verringerten Brechkraft einhergeht. Ein Patient mit einer Hyperopie von –2 dpt benötigt also eine +2 dpt Sammelinse.

Streulinsen haben eine negative Brechkraft und werden bei Kurzsichtigkeit verwendet, da kurzsichtige Augen zu stark brechen und damit zuviel Brechkraft haben. Ein Patient mit einer Myopie von +2 dpt benötigt also eine –2 dpt Streulinse.

Du musst dir immer klar machen, dass die Akkommodationsbreite lediglich eine Aussage über die Verformbarkeit der Linse ist, welche im Alter abnimmt (Presbyopie). Die Myopie und Hyperopie sind aber Refraktionsanomalien, die fast immer über einen zu langen oder zu kurzen Bulbus zustande kommen und deswegen nichts mit der Linse und der Akkommodationsbreite zu tun haben.

7.1 Aufgaben

Op1

Bei einem weitsichtigen Auge beträgt der Abstand des (akkommodativen) Nahpunkts zum Auge 50 cm. Welchen Brechwert („Brechkraft") muss eine vorgesetzte Linse haben, um den Nahpunkt von 50 cm auf 25 cm zu verlagern? (Die Entfernung des Korrekturglases vom Auge sei vernachlässigbar klein.)

Op2

Ein normalsichtiger 20-jähriger Proband betrachtet einen Gegenstand in der Sehweite 25 cm. Anschließend hält er ein Brillenglas von +6 dpt gleichsam als Lupe in solcher Entfernung vor ein Auge, dass er mit entspanntem Auge (Akkommodation auf „unendlich" große Entfernung!) den Gegenstand betrachten kann. Der Gegenstand ist nun größer als vorher zu sehen. Etwa wie groß ist diese Vergrößerung?

Op3

Ein Patient hat seit vielen Jahren eine beidseitige Myopie von 3 dpt (dem Betrag nach). Zusätzlich entwickelt er eine Presbyopie, sodass seine Akkommodationsbreite nur noch 2 dpt beträgt.
Wie weit ist jetzt (ohne Hilfsmittel) der (akkommodative) Nahpunkt von seinen Augen höchstwahrscheinlich entfernt?

Op4

Ein normalsichtiger (emmetroper) Jugendlicher setzt eine Brille auf, deren beide Linsen jeweils einen Brechwert („Brechkraft") von +2 dpt besitzen. (Die Entfernung zwischen Brillengläsern und Augen ist vernachlässigbar klein.)

Mit der Brille sieht er dann im typischen Fall alle Gegenstände nicht mehr scharf, deren Abstand zu seinen Augen eine Grenze von etwa wie vielen Metern unterschreitet/überschreitet?

Die Lösungen zu diesen Aufgaben findest du ab Seite 53.

8 Geometrie

Fragen mit geometrischem Inhalt sind unter den Mathefragen im Physikum eher selten, weshalb auch nur ganz kurz auf sie eingegangen wird. Sollten jetzt bei dir panische Erinnerungen an die Schulzeit aufkommen, wo nach der Berechnung des Volumens eines Kegels gefragt wurde, kannst du beruhigt sein: Mit der Formel für die Berechnung der Kreisfläche und des Volumens einer Kugel sind bereits fast alle Fragen abgedeckt.

Kreisfläche: $A = \pi \cdot r^2$
A=Fläche, $\pi \approx 3$, r = Radius

Volumen einer Kugel: $V = \frac{4}{3} \cdot \pi \cdot r^3$
V=Volumen, $\pi \approx 3$, r=Radius

Die Kreiskonstante π ist auf drei Nachkommastellen gerundet 3,141. Für die Aufgaben des schriftlichen Examens reicht es, sich zum Kopfrechnen die Drei zu merken.
Falls in einer Frage der Durchmesser und nicht der Radius vorgegeben ist, stellt auch das kein Problem dar: Der Radius ist die Hälfte des Durchmessers.
Etwas schwieriger, aber immer noch locker lösbar, ist das Kopfrechnen mit den Potenzen „hoch 2" und „hoch 3" in diesen beiden Formeln. Dazu solltest du dir einfach vergegenwärtigen, dass r^3 nichts anderes ist als $r \cdot r \cdot r$.

8.1 Aufgaben

G1
Wenn sich der Pupillendurchmesser von 1,5 mm auf 7,5 mm erweitert, so erhöht sich bei unveränderter Beleuchtung der Lichtstrom durch die Pupille auf das Wievielfache?

Die Lösung zu dieser Aufgabe findest du ab Seite 55.

9 Oxidationszahlen

Komplexe Rechenkünste und höhere Mathematik sind hier Gott sei Dank nicht vonnöten. Dennoch braucht es ein wenig Übung und Rechnerei, um die zu den Oxidationszahlen gestellten Fragen im Physikum schnell und sicher beantworten zu können.

9.1 Was sind Oxidationszahlen?

Chemische Bindungen entstehen oft durch den Austausch oder das „Sich-Teilen" von elektrischen Ladungen. Die Möglichkeit eines Atoms, sich mit anderen Atomen elektrische Ladungen zu teilen, wird durch die Anzahl der Elektronen in der äußersten Schale dieses Atoms bestimmt. Die Anzahl dieser Außenelektronen spiegelt sich in der Anordnung der Elemente im Periodensystem wider. So besitzt Natrium als ein Element der ersten Hauptgruppe ein einziges Außenelektron, Chlor als Element der siebten Hauptgruppe besitzt sieben. Alle Elemente streben einen Zustand an, in dem die äußerste Elektronenschale voll, also im Regelfall mit acht Elektronen, besetzt ist. Dieses Bestreben fasst man unter dem Begriff der „Oktettregel" zusammen. Die Elemente Natrium und Chlor erreichen den Zustand der acht Außenelektronen dadurch, dass Natrium sein äußerstes Elektron Chlor leiht, sich damit die äußerste Schale des Natriumatoms „auflöst" und die darunter liegende, voll besetzte Schale nun seine äußerste ist. Das Chloratom ergänzt mit dem geliehenen Elektron seine unvollständige Außenschale zu einer mit acht Elektronen besetzten vollständigen. Hierbei gehen Natrium und Chlor eine Bindung ein und bilden Natriumchlorid.
Da es hierbei zu Ladungsverschiebungen kommt (eine negative Ladung geht von Natrium zu Chlor), die der findige Chemiker gerne beschreiben möchte, führte man die Oxidationszahlen ein. Diese beschreiben die Ladung, die jedes einzelne Element innerhalb einer Bindung hat. Um Verwechslungen mit der Ladung von Ionen auszuschließen (z. B. Na$^+$), benutzt man für die Oxidationszahlen römische Ziffern: Natrium in NaCl bekommt also eine +I, weil eine negative Ladung fehlt, Chlor hat eine negative Ladung zu viel und bekommt folglich eine –I.

> Übrigens ...
> Das Abgeben elektrischer Ladung nennt man Oxidation, das Aufnehmen elektrischer Ladung Reduktion.

9.2 Woher weiß man, wer welche Oxidationszahl bekommt?

Gleich mal zur Beruhigung vorneweg: Es ist weder nötig, das gesamte Periodensystem der Elemente „runterbeten" zu können, noch musst du abstrakte Chemie im Physikum herleiten können. Wenn du einige wenige Regeln kennst und beachtest, lassen sich die Oxidationszahlen nahezu aller Elemente prima herleiten.
Zu allererst gilt: **Elemente haben immer die Oxidationszahl 0**. Wer sollte hier auch wem Elektronen geben und damit eine Ladungsveränderung herstellen? Entweder steht das Atom wie bei Mg oder Zn gänzlich für sich alleine, sodass es kein weiteres Atom gibt, von dem es sich (oder dem es) Elektronen leihen könnte, oder aber es gibt ein solches weiteres Atom wie z. B. bei Cl$_2$, wo jedoch beide Partner das gleiche Bedürfnis haben, Elektronen zu bekommen (oder abzugeben), was mit einem klaren Unentschieden endet.
Zweitens ist darauf zu achten, dass sich **Oxidationszahlen innerhalb eines Moleküls zu 0, Oxidationszahlen innerhalb komplexer Ionen**

zur Ladung des Ions ergänzen. Um bei unserem Beispiel zu bleiben: in NaCl ergeben +I für Natrium und –I für Chlor in der Summe 0. Im Fall von HCO_3^- als einem Beispiel für ein „komplexes Ion" müssen die Oxidationszahlen aller beteiligten Elemente die Gesamtladung –1 ergeben.

Dann bleibt noch, sich zu merken, dass **Wasserstoff (H) die Oxidationszahl +I hat und Sauerstoff (O) die Oxidationszahl –II**, die meisten weiteren Oxidationszahlen jedoch variieren. Für das gerade angesprochene HCO_3^- bedeutet dies, dass mit einem Wasserstoffatom ein +I, und mit den drei Sauerstoffatomen dreimal –II, also insgesamt –VI Ladungen des Ions bekannt sind. Diese beiden Ladungen ergeben verrechnet miteinander –V. Was noch fehlt, ist die Oxidationsstufe des Kohlenstoffatoms. Da die Gesamtladung des Ions –1 ist, muss der Kohlenstoff hier die Oxidationszahl +IV haben.

> **Übrigens ...**
> Mit diesen drei Regeln im Hinterkopf lassen sich auch schon die meisten der Fragen zu diesem Thema beantworten. Merken solltest du dir noch eine im Physikum gern gefragte Ausnahme: das Wasserstoffperoxid H_2O_2. In diesem Molekül erhält Sauerstoff ausnahmsweise die Oxidationszahl –I. In der Summe beträgt die Oxidationszahl des Moleküls dann wieder 0 (zweimal +I vom H und zweimal –I vom O).
> Für einige wenige Fragen kannst du dir außerdem merken, dass Alkalimetalle (z. B. Natrium und Kalium, also Atome der 1. Hauptgruppe) stets die Oxidationszahl +I, Erdalkalimetalle (z. B. Calcium und Magnesium, also Atome der 2. Hauptgruppe) stets die Oxidationszahl +II und die Halogene (z. B. Fluor und Chlor, also Atome der 7. Hauptgruppe) stets die Oxidationszahl –I haben. Damit hast du dann aber auch wirklich nichts mehr zu befürchten.

9.3 Aufgaben

Ox1 (Übungsaufgabe)

Bevor du dich gleich an die Originalaufgaben machst, empfiehlt es sich, ein wenig Übung im Umgang mit der Bestimmung von Oxidationszahlen zu erlangen.

a) HCl
b) NH_3
c) H_2O
d) CH_4
e) CO
f) CO_2
g) MgO
h) Fe_2O_3
i) H_2S
j) $NaNO_2$
k) NH_4Cl
l) HCO_3^-
m) HSO_4^-
n) HPO_4^{2-}

Ox2

In welchem der hier aufgeführten Moleküle weist das N-Atom die höchste Oxidationszahl auf?
A) Ammoniumchlorid
B) Kaliumcyanid
C) Lachgas
D) Stickstoff
E) Stickstoffmonoxid

Ox3

Zur Beschreibung von Redox-Reaktionen dienen Oxidationszahlen (Oxidationsstufen) als Hilfsgrößen. Welche Aussage trifft zu?
A) In H_2O_2 hat jedes der beiden O die Oxidationszahl –2.
B) In HPO_4^{2-} hat P die Oxidationszahl +5.
C) In MnO_4^- hat Mn die Oxidationszahl +5.
D) In N_2 hat jedes der beiden N die Oxidationszahl +1.
E) In SO_2 hat S die Oxidationszahl +2.

> Die Lösungen zu diesen Aufgaben findest du ab Seite 55.

10 Biologie

Obwohl die Biologie nicht von Haus aus mathematisch ist, finden sich im Physikum dennoch einige Aufgaben, zu deren Lösung einfache mathematische Fertigkeiten vonnöten sind. Der Schwerpunkt liegt hierbei auf der Wahrscheinlichkeitsrechnung im Rahmen von Erbgängen. Um diese Art Aufgaben bewältigen zu können, solltest du wissen, dass

- jedes Gen im Körper mindestens zweimal und zwar auf unterschiedlichen Allelen vertreten ist und
- man daher heterozygote von homozygoten sowie dominante von rezessiven Erbgängen unterscheiden kann.

Zur Erinnerung ein paar Begriffsdefinitionen:
- Heterozygot bedeutet, dass sich das für ein bestimmtes Merkmal verantwortliche Gen auf nur einem der beiden Allele befindet.
- Homozygot bedeutet, dass sich solch ein Gen auf beiden Allelen befindet.
- Dominant bedeutet, dass das Gen für ein bestimmtes Merkmal nur auf einem Allel vorhanden oder verändert sein muss, damit es zur Merkmalsausprägung kommt. Dominante Allele werden mit Großbuchstaben gekennzeichnet.
- Rezessiv bedeutet, dass das Gen auf beiden Allelen vorhanden oder verändert sein muss, damit es zur Merkmalsausprägung kommt. Rezessive Allele werden mit Kleinbuchstaben gekennzeichnet und sind wahre Physikumslieblinge.
- Der Begriff Genotyp bezeichnet die genetische Ausstattung, der Begriff Phänotyp das Erscheinungsbild. Beispielsweise ist bei einer autosomal-rezessiven Erkrankung ein heterozygoter Merkmalsträger genotypisch „krank", phänotypisch allerdings vollkommen gesund und daher von Gesunden (Nicht-Merkmalsträgern) nicht zu unterscheiden.

10.1 Vererbung genetischer Merkmale

Im Rahmen der Vererbung bekommt ein Kind jeweils ein Allel eines Gens vom Vater und eines von der Mutter. Es ist ein alter, aber hilfreicher Trick, sich mit Hilfe einer Skizze oder einer Tabelle die möglichen Genotypen der Kinder darzustellen. Diese Übersichtlichkeit erleichtert dir das fehlerfreie Rechnen der Aufgaben.

Skizze

Dabei zeichnest du beide Allele der Eltern auf und verteilst diese — gekennzeichnet durch Linien — gleichmäßig auf die Kinder. In diesem Beispiel werden die Kinder zweier heterozygoter Eltern betrachtet, die Genträger einer autosomal-rezessiven Erkrankung sind. Beide Elternteile haben also den Genotyp Aa, wobei a das kranke Allel darstellt.

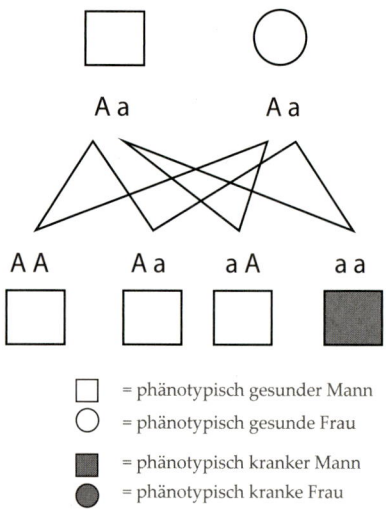

Abb. 4: Autosomal-rezessiver Erbgang

medi-learn.de/6-mathe-4

10.1 Vererbung genetischer Merkmale

Übrigens ...
Das Geschlecht ist bei autosomalen Erbgängen irrelevant. Dass die Eltern vier Jungen haben, ist damit bedeutungslos. Wichtig ist hier nur die Verteilung der Allele auf die Nachkommen. Das Geschlecht der Kinder spielt nur bei gonosomalen Erbgängen eine Rolle.

Tabelle

Dabei trägt man die Allele des Vaters in die Spalten und die Allele der Mutter in die Zeilen ein. Als Beispiel dienen auch hier wieder die Kinder zweier heterozygoter Elternteile einer autosomal-rezessiven Erkrankung.

	Vater	
Mutter	A	a
A	AA	Aa
a	aA	aa

Tab. 7: Autosomal-rezessiver Erbgang

In diesem Beispiel einer autosomal-rezessiven Erkrankung gibt es drei verschiedene Kombinationsmöglichkeiten mit unterschiedlich hohen Wahrscheinlichkeiten:

- 1/4 = 25 % AA = phänotypisch gesundes Kind mit zwei gesunden Allelen.
- 2/4 = 50 % Aa = aA = phänotypisch gesundes Kind, Genträger, da heterozygot
- 1/4 = 25 % aa = phänotypisch krankes Kind mit zwei kranken Allelen.

Was im Rahmen humangenetischer Beratungen für Eltern sehr wichtig sein kann, ist die Wahrscheinlichkeit, ein (phänotypisch) gesundes Kind (AA, Aa, aA) zu bekommen. In diesem Beispiel läge diese Chance bei $\frac{3}{4}$ = 75 %.

Das Hardy-Weinberg-Gleichgewicht

Das Hardy-Weinberg-Gleichgewicht beschreibt die Häufigkeit bestimmter Allele in einer idealen Population.

	A	a
A	AA	Aa
a	aA	aa

Tab. 8: Autosomal-rezessiver Erbgang

Die zwei Formeln hierfür lauten:
1. $p^2 + 2pq + q^2 = 1$ und
2. $p + q = 1$

mit p = A und q = a
In der 1. Formel wurden zwei neue Variablen für die Allele A und a verwendet: p^2 = AA, 2pq = 2 Aa und q^2 = aa. Da dies allen Anordnungsvarianten der Allele entspricht, ergibt sich die Summe 1 (100 %).
In der 2. Formel gibt es außer A und a (= p und q) kein weiteres Allel, womit auch hier die Summe 1 (100 %) ist.

Dazu gleich mal ein Beispiel von einer Population im Hardy-Weinberg-Gleichgewicht:
In einer Bevölkerung komme das Allel A mit einer Häufigkeit von 1 : 5 vor. Wie hoch ist dabei der Anteil der heterozygoten Genträger? Der Schlüssel zur Beantwortung dieser Art von Fragen ist mal wieder das genaue Lesen der Frage und das Extrahieren der darin enthaltenen Infos.
Angegeben ist die Häufigkeit des Allels A (= p) mit 1 : 5 = 0,2 = 20 %.
Gesucht sind alle Heterozygoten 2 Aa = 2 pq.

Rechenweg:
Es empfiehlt sich, zunächst mit der 2. Formel q zu berechnen: $p + q = 1$
→ $q = 1 - p$
→ $q = 1 - 0,2$
   $= 0,8 = 80 %$.

Da nach 2pq gefragt wird, brauchst du die 1. Formel gar nicht, sondern rechnest einfach munter so weiter:
Alle Heterozygoten = 2 · p · q → 2 · 0,8 · 0,2. Hier bietet es sich an, die Null vor dem Komma zu ignorieren und zunächst 8 · 2 = 16 zu rechnen. Jetzt stellst du die 0 mit dem Komma wieder davor und erhältst 0,8 · 0,2 = 0,16. Anschließend wird diese Zahl noch mit 2 multipliziert und fertig ist die Antwort: 2 · 0,16 = **0,32**. Der Anteil der Heterozygoten beträgt in dieser Bevölkerung also 0,32 = 32 %.

10.2 Aufgaben

Bi1
Unter phänotypisch gesunden Geschwistern eines Trägers einer autosomal-rezessiven Krankheit ist die Wahrscheinlichkeit, heterozygot zu sein, am ehesten wie hoch?

Bi2
Beide Eltern eines zweieiigen Zwillingspaares haben die durch die kodominanten Allele M und N determinierte Blutgruppe MN. Wie groß etwa ist die Wahrscheinlichkeit, dass beide Zwillinge die Blutgruppe MN haben?

Bi3
In einer Familie weist der Vater eine autosomal-dominant vererbliche Skelettdysplasie auf. Seine Eltern und seine Ehefrau sind von dieser Krankheit nicht betroffen. Seine fünf Kinder sind jedoch alle ebenfalls von der Krankheit betroffen. Diese Verteilung bei den Kindern ist bei wie vielen aller solcher Familien mit fünf Kindern und einem erkrankten Elternteil zu erwarten?

Bi4
In einer Bevölkerung, die sich im Hardy-Weinberg-Gleichgewicht befindet, kommen die Allele A und a eines autosomalen Gens vor. Das Allel a weist die Häufigkeit von 0,3 auf. Welcher Genotyp ist in der Bevölkerung am häufigsten?

Bi5
In einem Land der Subtropen ist jedes 400. Neugeborene von der autosomal-rezessiv erblichen β-Thalassämie betroffen. Gesunde Eltern eines von dieser Erkrankung betroffenen Kindes sind also beide heterozygot für die verantwortliche Mutation. Bei jedem wievielten Elternpaar der Allgemeinbevölkerung dieses Landes liegt die Konstellation vor, dass beide Partner für die für diese Erkrankung verantwortliche Mutation heterozygot sind?

Die Lösungen zu diesen Aufgaben findest du ab Seite 57.

11 Psychologie

	K⁺	K⁻	
T⁺	a	b	a + b
T⁻	c	d	c + d
	a + c (Prävalenz)	b + d	Summe

Tab. 9: Vier-Felder-Tafel

T⁺ = positiv getestet
T⁻ = negativ getestet
K⁺ = erkrankt
K⁻ = nicht erkrankt

a = richtig positiv
b = falsch positiv
c = falsch negativ
d = richtig negativ

Die Vier-Felder-Tafel ist für dieses Kapitel dein wichtigstes Werkzeug, du kannst sie, je nachdem was du brauchst, beliebig erweitern. Es lohnt sich dieses Schema für's Physikum abrufbereit zu haben.

11.1 Prävalenz

Prävalenz = P (K⁺) = (a + c)

Wie groß ist die Wahrscheinlichkeit (P), dass ein Individuum in einer Population an einer bestimmten Krankheit erkrankt ist?
Bsp: Eine Prävalenz von 10 % bedeutet, dass von einer Population die aus 100 Individuen besteht 10 erkrankt sind.

> **Merke!**
> Bevor es nun mit komplexeren Begriffen weiter geht, ein kleiner Tipp zur Nomenklatur. Bei der Schreibweise **T⁺/K⁺** musst du beachten, dass sich der erste Buchstabe auf ein Feld und der zweite Buchstabe immer auf die Summe aus zwei Feldern in der Vier-Felder-Tafel bezieht. T⁺ ist hier also die positiv getesteten Kranken, K⁺ die Summe der positiv und negativ getesteten Kranken.

11.2 Sensitivität

Sensitivität = SEN = P (T⁺/K⁺) = a/(a+c)

Wie hoch ist die Wahrscheinlichkeit (P), dass ein Test positiv (T⁺) ist, wenn die Krankheit vorliegt (K⁺)?
Bsp: Eine Sensitivität von 90 % bedeutet, dass von 10 getesteten kranken Patienten 9 richtig positiv befundet wurden. Der verbliebene eine Patient ist krank mit falsch negativem Test und wähnt sich fälschlicherweise gesund.
Eine hohe Sensitivität bedeutet, dass die Krankheit sicher erfasst wird (richtig positiv) und wenige falsch negative Testergebnisse vorliegen.

11.3 Spezifität

Spezifität = SPE = P (T⁻/K⁻) = d / (b + d)

Wie hoch ist die Wahrscheinlichkeit (P), dass ein Test negativ (T⁻) ist, wenn die Krankheit nicht vorliegt (K⁻)?
Bsp: Eine Spezifität von 80 % bedeutet, dass von 90 getesteten gesunden Patienten 72 richtig negativ befundet wurden. Die restlichen 18 Patienten sind gesund mit falsch positiven Tests und halten sich fälschlicherweise für krank.
Eine hohe Spezifität bedeutet, dass die Gesunden sicher erfasst werden (richtig negativ) und wenige falsch positve Testergebnisse existieren.

> **Übrigens ...**
> Eselsbrücke um Spezifität und Sensitivität auseinander zu halten Spe**Z**ifität hat ein **Z** im Wort, dieses **Z** hat zwei Querbalken, also zwei Minuszeichen wie in **T⁻/K⁻**. Sensitivität hat ein kleines t mehr, dieses t sieht aus wie ein Pluszeichen also **T⁺/K⁺**.

11 - Psychologie

	K⁺	K⁻	
T⁺	a	b	a + b
T⁻	c	d	c + d
	a+c (Prävalenz)	b+d	Summe
	SEN=a/(a+c)	SPE=d/(b+d)	

Tab. 10: Vier-Felder-Tafel mit Sensitivität und Spezifität

Die Spezifität und Sensitivität interessieren vor allem den Statistiker oder den Medizinstudenten, der für den Q1-Schein büffelt. Jedoch fragen sich auch Patient und Arzt bei einem positiven (oder negativen Testergebnis), ob sie dem Test trauen können, sind doch viele auf Testergebnissen basierende Diagnosen wie HIV oder Krebs, ein Schicksalsschlag für Patienten und Angehörige. Damit man dann gegebenenfalls den Test wiederholen kann, gibt es den positiven beziehungsweise den negativen Vorhersagewert.

11.4 Positiver Vorhersagewert

= Prädiktiver Wert des positiven Befundes
= PVW
= $P(K^+/T^+) = a/(a + b)$

Wie hoch ist die Wahrscheinlichkeit (P), dass die Krankheit vorliegt (K⁺), wenn der Test positiv (T⁺) ist?
Bsp: Ein positiver Vorhersagewert von 33 % bedeutet, dass von 27 positiv getesteten Patienten nur 9 tatsächlich krank sind (richtig positiv). Die restlichen 18 Patienten sind gesund mit falsch positiven Tests und würden von einer erneuten Testung vor Mitteilung der Diagnose profitieren.

Ein hoher positiver Vorhersagewert bedeutet also, dass ein Test die Krankheit sicher mit einem positiven Befund erfasst, sodass die möglicherweise invasive Therapie nicht bei Gesunden (falsch positiven) durchgeführt wird.

11.5 Negativer Vorhersagewert

= Prädiktiver Wert des negativen Befundes
= NVW
= $P(K^-/T^-) = d/(c + d)$

Wie hoch ist die Wahrscheinlichkeit (P), dass die Krankheit nicht vorliegt (K⁻), wenn der Test negativ (T⁻) ist?
Bsp: Ein negativer Vorhersagewert von 99 % bedeutet, dass von 73 negativ getesteten Patienten ganze 72 wirklich gesund sind (richtig negativ). Der eine übrigbleibende Patient ist krank mit falsch negativem Test. Hier überzeugt hoffentlich die Klinik des Patienten und der behandelnde Arzt veranlasst eine Wiederholung des Testes.

Ein hoher negativer Vorhersagewert bedeutet also, dass ein Test die Gesunden sicher mit einem negativen Befund erfasst, sodass kranke Patienten kein falsch negatives Testergebnis erhalten und die Krankheit möglicweise unentdeckt voranschreitet.

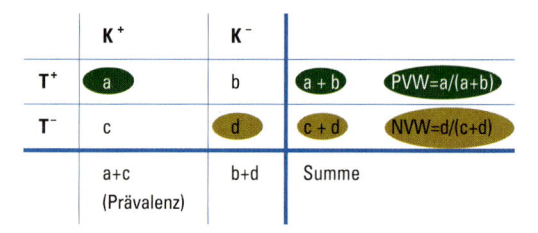

	K⁺	K⁻		
T⁺	a	b	a + b	PVW=a/(a+b)
T⁻	c	d	c + d	NVW=d/(c+d)
	a+c (Prävalenz)	b+d	Summe	

Tab. 11: Vier-Felder-Tafel mit positivem und negativem Vorhersagewert

11.6 Aufgaben

	K⁺	K⁻		
T⁺	9	18	27	PVW=9/27=33 %
T⁻	1	72	73	NVW=72/73=99 %
	10	90	100	
	SEN=9/10=90%	SPE=72/90=80%		

Tab. 12: Vier-Felder-Tafel aus den Textbeispielen

Hier kannst du schön erkennen, dass du nur mit a oder d und der jeweiligen vertikalen K-Summe (SEN⁺ + SPE⁻) oder der jeweiligen horizontalen T-Summe (PVW⁺ + NVW⁻) rechnen musst!

Erklärung zu Tabelle 12

Summe: 100 getestete Individuen
Prävalenz: 10 % d. h. 10 Kranke (a + c) und 90 Gesunde (b+d) in der Population von 100.
SEN: 90 % d. h. von 10 Kranken wurden 9 richtig positiv (a) getestet. Ein falsch negativer (c) bleibt übrig.
SPE: 80 % d. h. von 90 Gesunden wurden 72 richtig negativ (d) getestet. 18 falsch positive (b) bleiben übrig.
Anhand der eingefügten Werte kann man nun ganz leicht die jeweiligen Vorhersagewerte berechnen:
PVW: 9/(9 + 18) = 9/27 = 1/3 = 33 %
NVW: 72/(1 + 72) = 72/73 = 99 %

Auch wenn sich alle Begriffe irgendwie ähnlich sind, ist es wichtig sich diese gut einzuprägen, da sie euch garantiert im klinischen Abschnitt (Q1 = medizinische Biometrie) und bei der Doktorarbeit noch einmal begegnen werden.

11.6 Aufgaben

Psy1
Ein Paar kommt zur genetischen Beratung. Der Mann hat ein uneheliches Kind mit einer autosomal-rezessiven Erkrankung. Seine neue Verlobte möchte wissen, ob sie heterozygote Genträgerin für diese Erkrankung sei.
Ein Heterozygotentest habe eine Sensitivität und eine Spezifität von 95 %. Die Prävalenz der Heterozygoten in der Bevölkerung wird auf 1 : 20 geschätzt.
Wie wahrscheinlich ist es etwa, dass die Verlobte bei positivem Testresultat tatsächlich heterozygot ist (prädiktiver Wert des positiven Befundes)?

Die Lösung zu dieser Aufgabe findest du ab Seite 60.

LÖSUNGSTEIL

1. Basics

Ba1 (Übungsaufgabe, Schwierigkeit: lösbar)
(A)   1 l · min^{-1}
(B)   1,5 l · min^{-1}
(C)   2,5 l · min^{-1}
(D)   **4 l · min^{-1}**
(E)   8 l · min^{-1}

Vorsicht, diese Aufgabe ist schwieriger, als sie auf den ersten Blick erscheint.
Ventilation = AZV · AF → V = 0,4 l · 20min^{-1}
= V = 8 l · min^{-1}
Hier bietet es sich an, 4 · 20 = 80 zu rechnen und dann das Ergebnis durch 10 zu teilen = 8. Ein Ergebnis, das zwar in den Antwortmöglichkeiten steht, aber nicht das gesuchte ist, denn nur etwa die Hälfte des AZV – und damit auch nur die Hälfte des Produkts aus AZV und AF – kommt wirklich in den Alveolen an, die andere Hälfte belüftet lediglich den Totraum.

$$\text{Totraumventilation} = \frac{AZV \cdot AF}{2}$$

$$\text{Totraumventilation} = \frac{\text{Ventilation}}{2} = \frac{8\,l}{2} = 4\,l$$

Natürlich darfst du auch gleich mit dem halben AZV rechnen.

$$\text{Totraumventilation} = \frac{AZV}{2} \cdot AF$$

Ba2 (Übungsaufgabe, Schwierigkeit: Routine)
(A)   3 Hz
(B)   **6 Hz**
(C)   50 Hz
(D)   300 Hz
(E)   360 Hz

Zur Lösung dieser Aufgabe musst du wissen, dass die Frequenz (f) in Hertz (Hz) gemessen wird und ein Hz eine Aktion pro Sekunde (s) bedeutet: $1\,Hz = \frac{1}{s} = 1\,s^{-1}$

Gefragt ist also, wie viele Aktionen pro Sekunde stattfinden. Da eine Minute 60 Sekunden hat, müssen die angegebenen 360 Zuckungen pro Minute durch 60 s geteilt werden.

$$f = \frac{\text{Aktionen pro Minute}}{60\,s}$$

$$f = \frac{360}{60\,s} \quad | : 10$$

$$f = \frac{36\cancel{0}}{6\cancel{0}\,s}$$

$$f = \frac{36}{6\,s}$$

$$f = \frac{6}{s}$$

$f = 6/s$

$f = 6\,s^{-1}$ = **6 Hz**

Übrigens ...
Bitte achte darauf, die Einheiten (hier: Sekunden) unter dem Bruchstrich stehen zu lassen, auch wenn du die Zahl davor kürzt.

Ba3 (F09, Schwierigkeit: lösbar)
(A)   50min^{-1}
(B)   60min^{-1}
(C)   **100min^{-1}**
(D)   120min^{-1}
(E)   150min^{-1}

Zur Lösung dieser Aufgabe solltest du souverän mit Einheiten umgehen können (s. 2, S. 7) und die Geschwindigkeitsformel kennen: $v = \frac{s}{t}$

v = Geschwindigkeit, s = Strecke, t = Zeit

Zur Ermittlung der Herzfrequenz dient in diesem Fall der Zeitabstand t zwischen zwei R-Zacken. Daher musst du die Gleichung der Geschwindigkeitsformel zunächst nach t umstellen.

$$t = \frac{s}{v}$$

Setzt du wie in der Aufgabenstellung angegeben für s 30mm und für v 50mm/s ein, ergibt sich:

$$t = \frac{30\,mm}{50\,\frac{mm}{s}}$$

LÖSUNGSTEIL

Die mm kürzen sich raus und s wandert in den Zähler (denn s steht im Nenner des unteren Bruchs in diesem Doppelbruch):

$$t = \frac{30 \text{ mm}}{50 \frac{\text{mm}}{\text{s}}} = t = \frac{30}{50} \text{ s}$$

An dieser Stelle siehst du, dass für die Zeit tatsächlich eine Zeiteinheit und nicht etwa eine Strecke herauskommt.
Nach Kürzen mit dem größten gemeinsamen Teiler 10 lautet der Bruch

$$t = \frac{30}{50} \text{ s} = t = \frac{3}{5} \text{ s}$$

Jetzt hast du bereits den zeitlichen Abstand zwischen zwei R-Zacken berechnet. Gefragt ist aber, wie viele dieser R-Zacken (Herzaktionen) pro Minute stattfinden. Die Überlegung „Wie oft passen 3/5 s in 60 s?" hilft dir, den nächsten Schritt zu formulieren:

$$\text{Puls} = \frac{60 \text{ s}}{\frac{3}{5} \text{ s}}$$

Die Sekunden s lassen sich wegkürzen und die 5 wandert in den Zähler

$$\text{Puls} = \frac{60 \text{ s}}{\frac{3}{5} \text{ s}} \text{ pro Minute}$$

$$\text{Puls} = 60 \cdot \frac{5}{3} \text{ pro Minute}$$

$$= 60 \cdot 5 = 300$$

$$\text{Puls} = \frac{300}{3} \text{ pro Minute}$$

und $\frac{300}{3} = 100$

Puls = 100 pro Minute

> **Übrigens ...**
> Statt 100 pro Minute kann man auch 100/min oder, wie meistens im Physikum, 100 min^{-1} schreiben (s. 1.2.5, S. 4).

Die gesuchte Herzfrequenz beträgt also 100 min^{-1}.

Ba4 (F07, Schwierigkeit: teuflisch)

(A) 0,4 mV
(B) 10 mV
(C) 0,4 V
(D) 100 V
(E) 2,5 kV

Zur Beantwortung dieser Frage sind zwei Formeln vonnöten: die erste beschreibt den elektrischen Leitwert G, die zweite ist das Ohm-Gesetz. Der Leitwert **G** verhält sich reziprok (ist der Kehrwert) zum Widerstand **R**.

$$G = \frac{1}{R}$$

Ziel ist es, mit dem in der Frage angegebenen Leitwert (2 mS) den Widerstand R zu berechnen und in das Ohm-Gesetz einzusetzen. Dazu löst du die Leitwert-Formel zunächst nach R auf:

$$R = \frac{1}{G}$$

Die Einheit für G ist Siemens (S),
die Einheit für R ist Ohm (Ω).

Das Ohm–Gesetz lautet: $U = R \cdot I$
U = Spannung in Volt (V), R = Widerstand in Ω, I = Stromstärke in Ampère (A).

Setzt du $\frac{1}{G}$ statt R in das Ohm-Gesetz ein, ergibt sich $U = \frac{1}{G} \cdot I$

Mit den Zahlen aus der Frage bestückt, lautet die Formel: $U = \frac{1}{2 \text{ mS}} \cdot 0{,}2 \text{ A}$

Nun gilt es, die mS in S umzuformen, was mit dem Wissen „milli" = 1/1000 oder 10^{-3} nicht allzu schwer fallen sollte:

$$U = \frac{1}{2 \cdot 10^{-3} \text{ S}} \cdot 0{,}2 \text{ A}$$

Da ein S = 1/Ω ist und Ω als Einheit des Widerstands benötigt wird, um die Spannung U zu errechnen, solltest du die Formel so umschreiben:

$$U = \frac{1}{2 \cdot 10^{-3} \cdot \frac{1}{\Omega}} \cdot 0{,}2 \text{ A}$$

Nun kommt wieder dein Wissen um das Auflösen von Doppelbrüchen zum Einsatz: Die Einheit Ω wandert in den Zähler

$$U = \frac{1 \cdot \Omega}{2 \cdot 10^{-3} \cdot 1} \cdot 0{,}2 \text{ A}$$

LÖSUNGSTEIL

Das · 1 im Nenner kannst du weglassen

$$U = \frac{1 \cdot \Omega}{2 \cdot 10^{-3}} \cdot 0{,}2\ A$$

Übrigens ...
Offiziell müsste man einen Wert immer mit der Einheit multiplizieren. Allerdings ist diese Schreibweise beim Rechnen sehr mühselig, und der Malpunkt wird daher fast immer weggelassen. Der besseren Übersichtlichkeit wegen ist der Malpunkt hier nur beim 1 · Ω eingezeichnet. Dadurch soll deutlich werden, dass im folgenden Schritt die 1 nicht etwa im Nirvana verschwindet oder ohne Rechenzeichen dasteht.

Und jetzt?
Wie kann man $\frac{1}{2 \cdot 10^{-3}}$ im Kopf rechnen?
Hier empfiehlt es sich, diesen Term sinnvoll aufzuteilen:

$$\frac{1}{2} \cdot \frac{1}{1 \cdot 10^{-3}},$$

da $\frac{1}{2} = 0{,}5$ ergibt und

$$\frac{1}{1 \cdot 10^{-3}} = \frac{1}{0{,}001} = 1000,$$

lautet das Zwischenergebnis 0,5 · 1000 = 500.
Eingesetzt in das Ohm-Gesetz ergibt sich:
U = 500 Ω · 0,2 A
Um das Rechnen mit 0,2 einfacher zu gestalten, kannst du es in einen Bruch umwandeln (mit der Zahl 5 erweitern): $0{,}2 = \frac{1}{5}$

Eingesetzt in die Formel liefert dir das:

$$U = 500\ \Omega \cdot \frac{1}{5}\ A$$

$$U = \frac{500\ \Omega \cdot 1}{5\ A}$$

$$U = 100\ \frac{\Omega}{A}$$

Wenn du jetzt noch weißt, dass $\frac{\Omega}{A} = V$ ist, hast du die lange gesuchte Antwort gefunden: Die elektrische Spannung zwischen Ein- und Austrittspunkt des Körpers beträgt 100 V.

Ba5 (H10, Schwierigkeit: IMPP-Hammer)
(A) 0,3 mS
(B) 0,4 mS
(C) 2,5 mS
(D) 3 mS
(E) 4 mS

Gefragt ist in dieser Aufgabe nach dem Gesamtleitwert. Der Kehrwert des Leitwertes ist der Widerstand $(G_{ges} = \frac{1}{R_{ges}})$ und umgekehrt.
In einer Serienschaltung addieren sich die einzelnen Widerstände zum Gesamtwiderstand.
$R_{ges} = R_1 + R_2 + R_3 + ... + R_n$
Damit ist es möglich, die angegebenen Leitwerte zu Widerständen umzuformen, den Gesamtwiderstand durch simple Addition zu errechnen und durch erneutes Bilden des Kehrwertes den Gesamtleitwert zu erhalten.
Die Kehrwerte der vorliegenden Leitwerte sind

$$\frac{1}{1\ mS}\ ;\ \frac{1}{2\ mS}\ \text{und}\ \frac{1}{1\ mS}.$$

Daraus errechnet sich der Gesamtwiderstand:

$$R_{ges} = \frac{1}{1\ mS} + \frac{1}{2\ mS} + \frac{1}{1\ mS}$$

$$= \frac{2}{2\ mS} + \frac{1}{2\ mS} + \frac{2}{2\ mS}$$

$$= \frac{2 + 1 + 2}{2\ mS} = \frac{5}{2}\ mS^{-1}$$

Hieraus bildest du wiederum den Kehrwert und erhältst so prompt den Gesamtleitwert, nach dem in der Aufgabe gefragt wird:

$$\frac{2}{5}\ mS = \frac{4}{10}\ mS = \mathbf{0{,}4\ mS}$$

Ba6 (F11, Schwierigkeit: IMPP-Hammer)
(A) 90 mJ
(B) 0,5 J
(C) 2 J
(D) 10 J
(E) 5 kJ

LÖSUNGSTEIL

Was diese Aufgabe im Frühjahr 2011 zum „IMPP-Hammer" gemacht hat, war wohl weniger eine mathematische Herausforderung als vielmehr die Unkenntnis der korrekten physikalischen Formel für diesen Sachverhalt. Energie lässt sich durch das Produkt von Spannung, Stromstärke und Zeit ausdrücken. Für die Aufgabe bedeutet das die Multiplikation aller drei gegebenen Werte miteinander: $E = U \cdot I \cdot t = 230V \cdot 10\ mA \cdot 0{,}2\ s$. Beachte hier die Vorsilbe „milli", in der sich noch der Faktor 10^{-3} versteckt (s. 3, S. 11). Es ergibt sich also: $E = 230\ V \cdot 10 \cdot 10^{-3}\ A \cdot 0{,}2\ s = 2300 \cdot 10^{-3} \cdot 0{,}2 \cdot V \cdot A \cdot s = 2{,}3 \cdot 0{,}2 \cdot J =$ **0,46 J**

Richtig ist damit Antwort (B).

Ba7 (H12, Schwierigkeit: IMPP-Hammer)

(A) 3,1 l
(B) 5,8 l
(C) 6,2 l
(D) 6,6 l
(E) 12,7 l

Zur Beantwortung dieser Aufgabe ist die Kenntnis zweier Fakten, die du auch in der Formelsammlung findest, von Bedeutung: Erstens wird hier das Wissen der Temperaturwert unter BTPS-Bedingungen gefordert, zweitens die Kenntnis der allgemeinen Gasgleichung. Was kannst du nun bereits aus der Aufgabenstellung ziehen? Die inspiratorische Vitalkapazität des Sportlers wird vom Messgerät mit 6,2 l angegeben, und zwar unter BTPS-Bedingungen, also unter 37 °C oder 310,15 K. Da die Lufttemperatur allerdings lediglich 18 °C beträgt, ist der Volumenwert auf einen zu hohen Temperaturwert bezogen. Der korrekte Bezugswert ist um 18 Grad (Celsius oder Kelvin ist egal, denn das Intervall ist ja immer das gleiche) geringer, also 292,15 K.

Dank allgemeiner Gasgleichung lässt sich das Verhältnis von Temperatur- und Volumenwert nun als konstant beschreiben: Die allgemeine Gasgleichung lautet $p \cdot V = n \cdot R \cdot T$. Das IMPP erlaubt in der Aufgabenstellung die Vernachlässigung von Druckunterschieden (p), R ist als Gaskonstante eine Konstante (das steckt schon im Namen ...) und für die Teilchenzahl n besteht ebenfalls kein Anlass, sich zu ändern. Mit der Vernachlässigung von p und der Konstanz von R und n wird klar, dass das Verhältnis von T und V ebenfalls konstant sein muss. Wir können also sagen T/V = konstant. Das bedeutet, dass

$$\frac{310{,}15}{6{,}2} = \frac{292{,}15}{x}$$ gelten muss.

Das ist näherungsweise

$$50 = \frac{292}{x}$$

Durch Umformen erhält man

$$x = \frac{292}{50} = 5{,}84.$$

Diese letzten Rechenschritte lassen sich übrigens stark vereinfacht im Kopf rechnen. Im ersten Bruch 310/6,2 siehst du mit etwas Übung, dass du von 310 auf 6,2 durch die Rechnung $310 \cdot 2 \div 100$ kommst. Die gleiche Rechnung lässt sich nun mit 292 ebenfalls anstellen: $292 \cdot 2 = 584$ und $584 \div 100$ ergibt 5,84.
Et voilà, unsere richtige Lösung ist B.

2. Rechnen mit Einheiten

E1 (H07; Schwierigkeit: lösbar)

(A) $0{,}08\ kPa^2 \cdot l^{-1} \cdot s$
(B) $0{,}1\ kPa \cdot l \cdot s^{-1}$
(C) $0{,}4\ kPa \cdot l^{-1} \cdot s$
(D) $2{,}5\ l \cdot s^{-1} \cdot kPa^{-1}$
(E) $12{,}5\ l \cdot s^{-1} \cdot kPa^{-2}$

Die Tatsache, dass hier nach einem Widerstand gefragt wird und unter anderem eine Stromstärke angegeben ist, sollte hellhörig machen. Der Schlüssel zur Lösung einer solchen Aufgabe ist im Regelfall die physikalische Formel

$$\text{Widerstand} = \frac{\text{Spannung}}{\text{Stromstärke}} \quad \text{oder kurz } R = \frac{U}{I}$$

Die Ausatemstromstärke $0{,}5\ l\ s^{-1}$ wird für die Stromstärke in den Nenner eingesetzt, nach dem Atemwegswiderstand ist gefragt und für die Spannung darf der Umgebungsluftdruck

LÖSUNGSTEIL

0,2 kPa als Zähler in die Formel gestellt werden:

$$\text{Atemwegswiderstand} = \frac{\text{Umgebungsluftdruck}}{\text{Ausatemstromstärke}}$$

$$= \frac{0,2 \text{ kPa}}{0,5 \cdot l \cdot s^{-1}}$$

$$= \frac{2}{5} \cdot \text{kPa} \cdot l^{-1} \cdot s$$

$$= \mathbf{0,4 \text{ kPa} \cdot l^{-1} \cdot s}$$

> **Übrigens ...**
> Die Umrechnung von 2/5 zu 0,4 ist in diesem Fall nicht zwingend nötig. Ein Blick auf die Einheiten, die in dieser Aufgabe für jede Lösung einmalig sind, verrät die richtige Lösung ohnehin.

E2 (H08; Schwierigkeit: teuflisch)

(A) 0,11 Nm
(B) 1,1 Nm
(C) 2,2 Nm
(D) 11 Nm
(E) 2,2 kNm

Voraussetzung zur Lösung dieser Aufgabe ist das Wissen, dass

$$\text{Druck} = \frac{\text{Kraft}}{\text{Fläche}} \text{ ist.}$$

In Einheiten ausgedrückt, sieht das so aus:

$$\text{Pa} = \frac{N}{m^2}$$

Viel mehr musst du zur Lösung dieser Aufgabe gar nicht wissen. Mit einem Blick auf die in der Frage genannten Einheiten kPa (was für die Drücke steht, die auch durch N/m² ausgedrückt werden können) und ml (die Volumina bezeichnen, welche sich auch durch m³ beschreiben lassen) sowie auf die Einheit Nm in den Lösungen kannst du zügig formulieren:

$$\text{Nm} = \frac{N}{m^2} \cdot m^3 \text{ oder Arbeit} = \text{Druck} \cdot \text{Volumen}$$

Bezogen auf die Tatsache, dass nach beiden Ventrikeln gefragt wird, lässt sich die letzte Formel umschreiben zu:

Arbeit = Druck$_1$ · Volumen$_1$ + Druck$_2$ · Volumen$_2$

Jetzt heißt es nur noch Werte einsetzen und aufmerksam umformen:

Arbeit = 14 kPa · 70 ml + 2 kPa · 70 ml
Arbeit = 70 ml · (14 kPa + 2 kPa)
Arbeit = 70 ml · 16 kPa

1 l entspricht 1 dm³, 1 ml sind folglich $1 \cdot 10^{-3}$ dm³; 1 Pa entspricht 1 N/m², 1 kPa sind folglich $1 \cdot 10^3$ N/m². Daher kannst du schreiben:

$$\text{Arbeit} = 70 \cdot 10^{-3} \text{ dm}^3 \cdot 16 \cdot 10^3 \frac{N}{m^2}$$

So umgeformt, lassen sich die Zehnerpotenzen 10^3 und 10^{-3} wie folgt miteinander verrechnen: $10^3 \cdot 10^{-3} = 10^0 = 1$ (s. 3.2, S. 11)

$$\text{Arbeit} = 70 \cdot \text{dm}^3 \cdot 16 \cdot \frac{N}{m^2}$$

$$\text{Arbeit} = 70 \cdot 10^{-3} \cdot m^3 \cdot 16 \cdot \frac{N}{m^2}$$

> **Übrigens ...**
> Die Vorsilbe „dezi-" ist im Normalfall gleichzusetzen mit der Zehnerpotenz 10^{-1}. Aufgrund der Tatsache, dass wir hier mit einem Volumen rechnen, müssen wir jedoch den Faktor 3 in dieser Umformung berücksichtigen: $\text{dm}^3 = 10^{-1 \cdot 3} \text{ m}^3 = 10^{-3} \text{ m}^3$.

$$\text{Arbeit} = 70 \cdot 10^{-3} \cdot \cancel{m^3} \cdot 16 \cdot \frac{N}{\cancel{m^2}}$$

$$= 70 \cdot 16 \cdot 10^{-3} \text{ Nm}$$

Jetzt hast du schon mal die richtige Einheit, was noch fehlt, ist die Verrechnung der einzelnen Werte. Am leichtesten fällt das Kopfrechnen, wenn du dazu die Zahlen zerlegst:
70 · 16 = 70 · 10 + 70 · 6 = 700 + 420 = 1120

Eingesetzt in die Formel ergibt dies
Arbeit = 1120 · 10^{-3} Nm = 1,12 Nm ≈ 1,1 Nm
und damit die richtige Lösung.

E3 (F09; Schwierigkeit: lösbar)

(A) 0,05 s^{-1}
(B) 0,5 s^{-1}
(C) 1 s^{-1}
(D) 2 s^{-1}
(E) 20 s^{-1}

In dieser Aufgabe sind nur zwei Werte angegeben: $2 \cdot 10^7$ l · mol^{-1} · s^{-1} und 10^6 l · mol^{-1}.

LÖSUNGSTEIL

Ein Blick auf die Lösungsmöglichkeiten verrät dir, dass daraus am Ende s^{-1} werden soll. Die Formel, die dich zum gewünschten Ergebnis führt, lautet daher:

$$k_{\leftarrow} = \frac{2 \cdot 10^7 \, l \cdot mol^{-1} \cdot s^{-1}}{10^6 \cdot l \cdot mol^{-1}}$$

So kannst du die Einheiten l und mol^{-1} leicht wegkürzen. Nach Verrechnung der Zehnerpotenzen ($10^7/10^6 = 10^{7-6} = 10^1$, s. 3.2, S. 11) bleibt noch folgender Ausdruck stehen:

$$k_{\leftarrow} = 2 \cdot 10^1 \cdot s^{-1} = \mathbf{20 \, s^{-1}}$$

und damit auch schon die Lösung der Aufgabe. Hierfür musstest du also weder von Myoglobin noch von Geschwindigkeitskonstanten Ahnung haben.

E4 (F09; Schwierigkeit: teuflisch)
(A)   2 mmol/l Erythrozyten
(B)   5 mmol/l Erythrozyten
(C)   10 mmol/l Erythrozyten
(D)   20 mmol/l Erythrozyten
(E)   50 mmol/l Erythrozyten

Diese Frage hat es in sich. Schaut man sich die in der Frage angegebenen Einheiten u und g/l und die Einheiten der Lösungsmöglichkeiten mol/l an, so scheinen sie auf den ersten Blick nicht viel miteinander gemein zu haben. Auf den zweiten Blick sollte dir jedoch auffallen, dass der Zahlenwert einer Molekülmasse u immer gleich dem der molaren Masse mit der Einheit g/mol ist (zur Erinnerung: Wenn ein Molekül Wasser 18 u wiegt, dann wiegt ein Mol Wasser 18 g, s. Skript Chemie 1). Nach diesem Gedankenblitz kannst du folgende (vereinfachte) Formel aufstellen:

$$\frac{mol}{l} = \frac{\frac{g}{l}}{\frac{g}{mol}} \, , \text{ d. h.}$$

$$\frac{\text{Sauerstoff}}{\text{Erythrozyt}} = \frac{\text{MCHC}}{\text{Molekülmasse}}$$

Zur Verdeutlichung sei angefügt:

$$\frac{\frac{g}{l}}{\frac{g}{mol}} = \frac{g \cdot mol}{g \cdot l} = \frac{\cancel{g} \cdot mol}{\cancel{g} \cdot l} = \frac{mol}{l}$$

Setzt du nun die angegebenen Werte ein, ergibt sich:

$$\frac{320 \, \frac{g}{l}}{64 \cdot 10^3 \, \frac{g}{mol}} = \frac{\frac{320}{64} \cdot 10^{-3} \cdot \cancel{g} \cdot mol}{\cancel{g} \cdot l}$$

$$= 5 \, \frac{mmol}{l}$$

An diesem Punkt könnte man aufhören und meinen, (B) sei das richtige Ergebnis. Entsprechend kreuzten auch viele Physikumskandidaten diese Antwort an, was leider falsch war, da ein Hämoglobintetramer vier mol O_2 binden kann. Entsprechend lautet auch die richtige Lösung dieser Aufgabe

$$4 \cdot 5 \, \frac{mmol}{l} = \mathbf{20} \, \frac{mmol}{l}$$

und damit Lösungsmöglichkeit (D).

E5 (F08; Schwierigkeit: IMPP-Hammer)
(A)   10 m/s
(B)   25 m/s
(C)   40 m/s
(D)   50 m/s
(E)   70 m/s

Geschwindigkeiten sind definiert als zurückgelegte Strecke pro Zeit. Dabei ist es egal, ob es sich um die Geschwindigkeit eines Autos handelt (hier wird die Geschwindigkeit normalerweise in km/h angegeben) oder – wie in der Aufgabe – um einen Nervenimpuls (die Einheit ist hier m/s). Beide in der Frage genannten Werte für Strecken müssen daher in der Formel im Zähler des Bruches stehen, beide Zeitwerte im Nenner. Zugegebenermaßen sehr indirekt gefragt ist nach der Geschwindigkeit auf der Strecke zwischen Handgelenk und Ellenbogen. Zeit und Strecke sind dabei nicht direkt, sondern jeweils zum Daumen gemessen. Die gefragten Werte erhältst du, wenn du die kürzere Strecke und – logischerweise – die kleinere Zeit (Daumen – Handgelenk) von den jeweils größeren Werten (Daumen – Ellenbogen) abziehst. In einer Formel zusammengefasst würde das ganze folgendermaßen aussehen:

LÖSUNGSTEIL

Nervenleitgeschwindigkeit

$$= \frac{\text{Strecke}_{\text{Daumen} \to \text{Ellenbogen}} - \text{Strecke}_{\text{Daumen} \to \text{Handgelenk}}}{\text{Zeit}_{\text{Daumen} \to \text{Ellenbogen}} - \text{Zeit}_{\text{Daumen} \to \text{Handgelenk}}}$$

Daraus ergibt sich nach Einsetzen der Werte:

$$\text{Nervenleitgeschwindigkeit} = \frac{40\,\text{cm} - 10\,\text{cm}}{10\,\text{ms} - 4\,\text{ms}}$$

$$= \frac{30\,\text{cm}}{6\,\text{ms}}$$

$$= \frac{30 \cdot 10^{-2}\,\text{m}}{6 \cdot 10^{-3}\,\text{s}}$$

$$= 5 \cdot \frac{1}{10^{-1}} \cdot \frac{\text{m}}{\text{s}}$$

$$= 5 \cdot 10^{1}\,\frac{\text{m}}{\text{s}}$$

$$= 50\,\frac{\text{m}}{\text{s}}$$

und damit Antwort (D).

E6 (F08; Schwierigkeit: IMPP-Hammer)
(A) 0,1 l
(B) 0,2 l
(C) 0,3 l
(D) 0,4 l
(E) 0,5 l

Eine wesentliche Voraussetzung zur Lösung dieser Aufgabe ist die Kenntnis der Osmolarität des Blutes von 300 mosmol/l. Dieser Wert bezeichnet den osmotischen Druck des Blutes, was bedeutet, dass in einem Liter Blut 300 mmol Teilchen gelöst sind. Von der dem Blut isotonen Lösung aus der Physikumsaufgabe haben wir allerdings keinen ganzen Liter, sondern lediglich 0,6 Liter mit

$$300\,\frac{\text{mmol}}{\text{l}} \cdot 0{,}6\,\text{l} = 180\,\text{mmol}$$

Zu diesen $\frac{180\,\text{mmol}}{0{,}6\,\text{l}}$ werden 60 mmol Teilchen zugegeben, ohne dass eine Veränderung im Volumen zu erkennen wäre. Damit hast du also

$$\frac{180\,\text{mmol} + 60\,\text{mmol}}{0{,}6\,\text{l}}$$

$$= \frac{240\,\text{mmol}}{0{,}6\,\text{l}}$$

Die Veränderung der Osmolarität wird offensichtlich, wenn man diesen Bruch einmal ausrechnet:

$$= \frac{240\,\text{mmol}}{0{,}6\,\text{l}}$$

$$= \frac{2400\,\text{mmol}}{6\,\text{l}}$$

$$= 400\,\frac{\text{mmol}}{\text{l}}$$

statt der ursprünglichen 300 mmol/l. (Dieser Schritt soll hier nur der Veranschaulichung dienen und ist für den Rechenweg im Physikum nicht zwingend notwendig.)

Laut Aufgabe soll nun reines Wasser zugegeben werden, um die Osmolarität der Lösung wieder auf das Niveau des Blutes abzusenken. Dies lässt sich in einer Formel so ausformulieren:

$$\frac{240\,\text{mmol}}{0{,}6\,\text{l} + x} = 300\,\frac{\text{mmol}}{\text{l}}$$

Um diese Gleichung nach x aufzulösen, kannst du auf beiden Seiten durch 300 mmol/l dividieren und mit 0,6 l + x l multiplizieren:

$$\frac{240\,\text{mmol}}{300\,\frac{\text{mmol}}{\text{l}}} = 0{,}6\,\text{l} + x$$

Als nächstes kürzen sich die mmol weg und die Liter wandern in den Zähler. Damit steht die Einheit Liter sowohl auf der linken als auch auf der rechten Seite des Gleichheitszeichens und es muss nur noch gerechnet werden.

$$\frac{24}{30}\,\text{l} = 0{,}6\,\text{l} + x$$

Kürzt du den linken Bruch mit 3 und erweiterst den rechten mit 10, so steht noch da

$$\frac{8}{10}\,\text{l} = \frac{6}{10}\,\text{l} + x$$

aufgelöst nach x ergibt dies

$$\frac{8}{10}\,\text{l} - \frac{6}{10}\,\text{l} = x$$

$$\frac{2}{10}\,\text{l} = \mathbf{0{,}2\,\text{l}} = x$$

Man muss also 0,2 l reines Wasser zugeben, um wieder eine isotone Lösung zu haben.

LÖSUNGSTEIL

E7 (H07; Schwierigkeit: lösbar)
(A) 4 kJ
(B) 40 kJ
(C) 60 kJ
(D) 120 kJ
(E) 600 kJ

Auch hier solltest du dir zunächst wieder einmal einen Überblick über die in der Aufgabe enthaltenen Informationen verschaffen:
Aufgeführt ist der spezifische Brennwert von Bier mit 2000 kJ/kg und die Wärmekapazität mit 4 kJ/kg · k.
Zudem erhältst du den Hinweis, dass die Dichte näherungsweise so groß wie die von Wasser sei, was bedeutet, dass du die 0,5 l mit 0,5 kg gleichsetzen darfst. Zu guter Letzt folgt noch die Angabe, dass du die Temperatur des Bieres von 7 °C auf 37 °C erhöhen sollst, was einer Differenz von 30 °C oder 30 K (37 °C – 7 °C = 30 °C oder 310 K – 280 K = 30 K) entspricht.
Gesucht wird eine Angabe in kJ.
Nun gibt es mehrere Möglichkeiten, die angegebenen Zahlen zu verrechnen:

1. Beim Gleichsetzen von 4 kJ/ kg · k und 2000 kJ/kg kürzen sich die kJ und kg heraus, sodass du eine Antwort in K bekommst. Gesucht sind aber kJ.
2. Bei der Multiplikation
$$\text{Energie} = 2000\,\frac{kJ}{kg} \cdot 0{,}5\,kg = 1000\,kJ$$
erhältst du zwar eine Angabe in kJ, jedoch taucht diese nicht in den vorgegebenen Antworten auf. Zudem musst du den Temperaturunterschied mit in diese Formel einbringen. Denn um ein Bier von 7 °C auf 37 °C zu bringen, braucht man sicherlich eine größere Menge an Energie, als wenn man es von 7 °C auf 8 °C erwärmt.
3. Die dritte und richtige Möglichkeit ist der zweiten sehr ähnlich, berücksichtigt allerdings zusätzlich die spezifische Wärmekapazität des Bieres:
$$\text{Energie} = 4\,\frac{kJ}{kg \cdot K} \cdot 0{,}5\,kg \cdot 30\,K$$

$$60\,\frac{kJ}{kg \cdot K} \cdot kg \cdot K = 60\,kJ$$

Wie du an diesem Beispiel sehen kannst, lässt sich manchmal die richtige Lösung (hier: C) allein durch das „Spielen" mit den Einheiten finden.

E8 (H10, Schwierigkeit: teuflisch)
(A) $12\,m \cdot s^{-2}$
(B) $60\,m \cdot s^{-2}$
(C) $3{,}6 \cdot 10^3\,m \cdot s^{-2}$
(D) $1{,}8 \cdot 10^4\,m \cdot s^{-2}$
(E) $4{,}5 \cdot 10^5\,m \cdot s^{-2}$

Dies ist eine Aufgabe, die im Herbst 2010 wohl so manchen Physikumskandidaten ordentlich schlucken ließ. Nicht einmal die Hälfte aller Teilnehmer konnte sie richtig beantworten. Dabei kann man sie mit ein bisschen Routine im Umgang mit den Einheiten recht einfach lösen. Angegeben sind hier eine Strecke von 20 cm sowie mit der Winkel- oder Rotationsgeschwindigkeit von $300\,s^{-1}$ ein Wert mit Zeiteinheit, analog der Einheit Hertz für die Frequenz. Ein Blick auf die Lösungsmöglichkeiten verrät dir, dass nach einer Länge (in den Lösungsmöglichkeiten in Metern), multipliziert mit einer solchen Rotationsgeschwindigkeit zum Quadrat (denn: $s^{-2} = s^{-1 \cdot 2} = (s^{-1})^2$) gefragt wird. Damit liegt des Rätsels Lösung auch schon auf der Hand: Beide in der Aufgabe genannten Werte müssen miteinander multipliziert, die $300\,s^{-1}$ noch quadriert und die 20 cm in Meter umgeformt werden:
$20\,cm \cdot (300\,s^{-1})^2 = 0{,}2 \cdot m \cdot 300^2 \cdot (s^{-1})^2$
$= 0{,}2 \cdot 90\,000 \cdot m \cdot s^{-1 \cdot 2} = 18\,000 \cdot m \cdot s^{-2}$
$= \mathbf{1{,}8 \cdot 10^4 \cdot m \cdot s^{-2}}$,
was Lösungsmöglichkeit (D) zur gesuchten richtigen Antwort macht.

> **Übrigens ...**
> Die hier angesprochene Winkelgeschwindigkeit bezeichnet im Grunde nichts anderes als die Anzahl der Umdrehungen pro Sekunde, mit denen sich z. B. eine Zentrifuge um ihre eigene Achse dreht. Sie heißt in Wirklichkeit

LÖSUNGSTEIL

Drehzahl. Wie in der Aufgabe wird sie durch s^{-1} (oder Hz) ausgedrückt. Für den findigen Mathematiker oder den sadistischen Physiklehrer ist eine solche Aussage übrigens grundlegend falsch. Er rechnet die Drehzahl – indem er mit 2π multipliziert – in den Radianten pro Sekunde um, was er dann mit $rad \cdot s^{-1}$ ausdrückt und was für ihn die „wahre" Winkelgeschwindigkeit ist. Durch Ableiten findet aber auch er dann schließlich den Weg zur Winkelbeschleunigung. Das braucht euch fürs Physikum aber nicht weiter zu interessieren …

3. Zehnerpotenzen und Logarithmen

Z1 (F07; Schwierigkeit: lösbar)
(A)   4,5 µs
(B)   15 µs
(C)   30 µs
(D)   45 µs
(E)   0,3 ms

Im Aufgabentext angegeben sind die Schallgeschwindigkeit im Auge mit 1,5 km/s und der Abstand zwischen den Vorderflächen von Cornea und Retina mit 22,5 mm.
Gesucht wird die Laufzeit des Signals von Cornea zur Retina UND wieder zurück.
Mit einem Blick auf die Einheiten aller in Aufgabenstellung und Lösung angegebenen Zahlen kann folgende Formel aufgestellt werden (s. 2, S. 7):

$$\text{Laufzeit} = \frac{\text{Wegstrecke}}{\text{Schallgeschwindigkeit}}$$

Beim Einsetzen der Zahlen ist jedoch Vorsicht geboten. Die Strecke, die das Signal zurücklegen muss, ist die doppelte Entfernung zwischen Cornea und Retina, also $2 \cdot 22,5$ mm. In der Frage wird das zwar angesprochen, jedoch überliest man diesen Hinweis in der Prüfung leicht.

$$\text{Laufzeit} = \frac{2 \cdot 22,5 \text{ mm}}{1,5 \text{ km/s}}$$

Nun heißt es Einheiten vereinheitlichen. In diesem Beispiel sollen es mit Hilfe von Zehnerpotenzen Meter werden:

$$\text{Laufzeit} = \frac{2 \cdot 22,5 \text{ mm}}{1,5 \text{ km}}$$
$$= \frac{2 \cdot 22,5 \cdot 10^{-3} \text{ m} \cdot \text{s}}{1,5 \cdot 10^{3} \text{ m}}$$
$$= \frac{45 \cdot 10^{-3} \text{ m} \cdot \text{s}}{1,5 \cdot 10^{3} \text{ m}}$$

Schon zu Beginn passiert hier etwas Interessantes mit der „Sekunde". Sie verlässt den Nenner des unteren Bruchstrichs und rutscht in den Zähler des Gesamtbruchs (s. 1.2.4, S. 3). Die Meter lassen sich kürzen.
So vorbereitet, lässt sich der Bruch weiter umformen:

$$\text{Laufzeit} = \frac{45 \cdot 10^{-3} \text{ s}}{1,5 \cdot 10^{3}}$$
$$= \frac{45}{1,5} \cdot \frac{10^{-3}}{10^{3}} \text{ s}$$
$$= 30 \cdot \frac{10^{-3}}{10^{3}} \text{ s}$$

Durch Anwendung der Zehnerpotenz-Rechenregeln (s. 3.2, S. 11) kann dieser Bruch vollständig aufgelöst und die Zehnerpotenzen zusammengefasst werden:

$$\text{Laufzeit} = 30 \cdot 10^{-3} \cdot 10^{-3} \text{ s} = 30 \cdot 10^{-3 + (-3)}$$
$$= 30 \cdot 10^{-6} \text{ s}$$

Mit dem Wissen, dass 10^{-6} für µ steht, hast du auch schon die Lösung gefunden, die da lautet: 30 µs.

Übrigens …
Die Lösungsmöglichkeiten A, B und D scheinen aus der Luft gegriffen und gelten, wenn man einmal den richtigen Weg eingeschlagen hat, als recht unwahrscheinlich. Als kniffliger entpuppt sich Antwort (E) mit 0,3 ms. Obwohl diese Möglichkeit als einzige eine andere Einheit hat, ergeben sich umge-

LÖSUNGSTEIL

gerechnet 300 μs, also eine Zahl, die nur eine Zehnerpotenz von der richtigen Antwort entfernt liegt, und um diese eine Zehnerpotenz verrechnet man sich schon mal schnell.

Z2 (F08; Schwierigkeit: teuflisch)
(A) 150 ml
(B) 250 ml
(C) 350 ml
(D) 450 ml
(E) 550 ml

Bevor du dich bei dieser Aufgabe ins mathematische Getümmel stürzen kannst, gilt es, einige physikalische Klippen zu umschiffen. Sicherheit im Umformen physikalischer Einheiten ist hier ebenso Voraussetzung wie die Kenntnis, dass ein Liter Wasser ein Gewicht von einem Kilogramm hat. Auch in diesem Fall lohnt es sich, mit den Angaben im Fragetext zunächst eine Formel aufzustellen. Angegeben sind der Energieumsatz von 100 W und die spezifische Verdunstungswärme von Wasser mit 2,4 MJ/kg. Gefragt ist nach dem Volumen, das der Körper durch Verdunstung in einer Stunde verliert. Dadurch, dass nach dem Volumen pro Stunde gefragt wird, muss im Nenner der zu bildenden Gleichung eine Zeiteinheit stehen. Die Einheit Watt kannst du umformen zu Joule/Sekunde. Setzt du Watt (Energieumsatz) in den Zähler, rutschen die Sekunden in den Nenner und schon ist die Zeiteinheit da, wo sie hin soll. Die spezifische Verdunstungswärme, die in Joule/Kilogramm ausgedrückt wird, schreibst du in den Nenner, denn so wandern die im Nenner stehenden Kilogramm in den Zähler des Gesamtbruchs:

$$\frac{\text{Energieumsatz}}{\text{spezifische Verdunstungswärme}} = \frac{\text{Volumen}}{\text{h}}$$

Setzt du die Werte aus der Frage ein, sieht das Ganze so aus:

$$\frac{100\ \text{W}}{2{,}4\ \frac{\text{MJ}}{\text{kg}}} = \frac{\text{Volumen}}{\text{h}}$$

Auch hier bietet es sich an, zunächst den Doppelbruch zu entschärfen, indem du die Kilogramm in den Zähler steckst (s. 1.2.4, S. 3):

$$= \frac{100\ \text{W}}{2{,}4\ \frac{\text{MJ}}{\text{kg}}}$$

$$= \frac{100\ \text{W} \cdot \text{kg}}{2{,}4\ \text{MJ}}$$

$$= \frac{\text{Volumen}}{\text{h}}$$

Nun musst du noch die Einheiten passend umformen. Da du weißt, dass Watt eine andere Bezeichnung für Joule/Sekunde ist, dass M für Mega steht und 10^6 bedeutet, dass eine Stunde 60 Minuten hat und diese wiederum jeweils 60 Sekunden dauern (s. 2, S. 7), sollte auch dies kein Problem darstellen.

$$= \frac{100\ \text{W} \cdot \text{kg}}{2{,}4\ \text{MJ}}$$

$$= \frac{100\ \frac{\text{J}}{\text{s}} \cdot \text{kg}}{2{,}4 \cdot 10^6\ \text{J}}$$

$$= \frac{\text{Volumen}}{60 \cdot 60\ \text{s}}$$

Löst du die Gleichung nach dem gefragten Volumen auf (geschieht durch Multiplikation mit $60 \cdot 60$ s = 3600 s) und entfernst den Doppelbruch (Sekunden wandern vom Zähler in den Nenner), lassen sich die Sekunden und die Joule kürzen:

$$\text{Volumen} = \frac{100\ \cancel{\text{J}} \cdot \text{kg} \cdot 3600\ \text{s}}{2{,}4 \cdot 10^6\ \cancel{\text{J}} \cdot \text{s}}$$

Im letzten Schritt wandelst du alle Zahlen in Zehnerpotenzen um und rechnest mit Hilfe der Rechenregeln (s. 3.2, S. 11) das gefragte Volumen aus:

$$= \frac{1 \cdot 10^2 \cdot \text{kg} \cdot 3{,}6 \cdot 10^3}{2{,}4 \cdot 10^6}$$

LÖSUNGSTEIL

$$= \frac{3{,}6 \cdot 10^5 \cdot kg}{2{,}4 \cdot 10^6}$$

$$= \frac{3{,}6}{2{,}4} \cdot 10^{5-6}\ kg$$

$$= 1{,}5 \cdot 10^{-1}\ kg$$

Volumen = 0,15 kg

Die Angabe 0,15 kg als Volumen erscheint zunächst unpassend. Da du aber weißt, dass 1 l Wasser 1 kg wiegt, kannst du die 0,15 kg zu 0,15 l und wiederum zu 150 ml und damit zum gesuchten Ergebnis umwandeln.

Z3 (H09; Schwierigkeit: Routine)
(A) $9 \cdot 10^3$
(B) $9 \cdot 10^4$
(C) $9 \cdot 10^5$
(D) $9 \cdot 10^6$
(E) $9 \cdot 10^7$

Eine recht klassische Frage zu den Zehnerpotenzen, für deren Beantwortung man jedoch ebenfalls grundlegende physikalische und chemische Kenntnisse als Voraussetzung braucht. In diesem Fall musst du wissen, was ein Mol ist: Diese Einheit steht stellvertretend für ungefähr $6 \cdot 10^{23}$ Teilchen und bezeichnet somit eine Anzahl, ähnlich wie das Dutzend für die Zahl 12 steht. Auch hier empfiehlt es sich wieder, zunächst alle Informationen zu extrahieren und anschließend damit eine Formel aufzustellen. Angegeben ist die Natriumkonzentration mit 15 mmol/l, gesucht ist die Anzahl an Natriumionen in 1 fl, die sich zum Beispiel durch Mol ausdrücken lässt. Mol erhältst du, wenn Konzentration und Volumen multipliziert werden, da sich die l im Nenner der Konzentration und die l des Volumens wegkürzen. Die Formel, die du in dieser Aufgabe benötigst, sieht daher wie folgt aus:

Ionenzahl = Konzentration · Volumen

Ist diese Formel aufgestellt, darfst du die Zahlen einsetzen:

$$\text{Ionenzahl} = 15 \frac{mmol}{l} \cdot 1\ fl$$

Zum Rechnen brauchst du wieder dein Wissen um die Zehnerpotenzen. Statt m (Milli) schreibst du 10^{-3}, statt Mol $6 \cdot 10^{23}$ und statt f (Femto) 10^{-15} und ab geht`s:

$$= \frac{15 \cdot 10^{-3} \cdot 6 \cdot 10^{23}}{l} \cdot 1 \cdot 10^{-15}\ l$$

$$= 90 \cdot 10^{(-3) + 23 + (-15)}$$

$$= 90 \cdot 10^5$$

$$= 9 \cdot 10^6$$

Z4 (H06; Schwierigkeit: Routine)
(A) 200 l
(B) 2.000 l
(C) 5.000 l
(D) 20.000 l
(E) 50.000 l

Zur Lösung dieser Aufgabe brauchst du eine der hinsichtlich des Physikums wichtigsten physikalischen Formeln überhaupt:

$V \cdot p = n \cdot R \cdot T$

Sie besagt, dass das Produkt aus Volumen und Druck bei konstanter Teilchenanzahl, dem Vorliegen eines idealen Gases (davon darfst du im Physikum immer ausgehen) und konstanter Temperatur immer gleich ist. In dieser Aufgabe verändern sich während des Ausströmens des Gases aus der Sauerstoffflasche weder die Teilchenanzahl, noch die Temperatur oder die Tatsache, dass es sich um ein ideales Gas handelt. Damit sind die Produkte aus Druck und Volumen außerhalb und innerhalb der Gasflasche gleich, was sich durch folgende Formel ausdrücken lässt:

$V_O \cdot p_O = V_U \cdot p_U$

V_O = Anfangsvolumen, p_O = Anfangsdruck,
V_U = Umgebungsvolumen, p_U = Umgebungsdruck

Aufgelöst nach dem gefragten V_U lautet die Formel:

$$V_U = \frac{V_O \cdot p_O}{p_U}$$

Setzt du jetzt die Zahlen aus der Frage ein, ergibt sich:

LÖSUNGSTEIL

$$= \frac{10\,l \cdot 2 \cdot 10^7\,Pa}{1 \cdot 10^5\,Pa}$$

Nach Kürzen der „Pascales" und Anwendung der Zehnerpotenzrechneregeln gelangst du auch schon zum gesuchten Ergebnis:

$= 10\,l \cdot 2 \cdot 10^7 \cdot 10^{-5}$
$= 20\,l \cdot 10^2$
$= \mathbf{2000\,l}$

Z5 (F07; Schwierigkeit Routine)

(A) −120 mV
(B) −60 mV
(C) −6 mV
(D) +6 mV
(E) +60 mV

$U_G = 60\,mV \cdot lg\dfrac{c_a}{c_i}$

$ = 60\,mV \cdot lg\dfrac{100\,mmol/L}{10\,mmol/L}$

$ = 60\,mV \cdot lg\,10$

Der Logarithmus lg 10 ist 1, denn $10^1 = 10$
$U_G = 60\,mV \cdot 1$
und fertig ist die Rechnerei!

> **Übrigens ...**
> Die Nernst-Gleichung solltest du auswendig wissen. Die Fragen und Antworten sind im Physikum nämlich oft so ausgerichtet, dass dir beim Erinnern der Formel, dem Einsetzen der Werte und beim Rechnen leicht kleine Fehler unterlaufen. Wo beispielsweise stand die intrazelluläre Ionenkonzentration und wo war noch gleich die extrazelluläre? Machst du hierbei Fehler, bekommst du das gleiche Ergebnis, nur mit anderem Vorzeichen:
>
> $U_G = 60\,mV \cdot lg\dfrac{c_i}{c_a}$
>
> $ = 60\,mV \cdot lg\dfrac{10\,mmol/l}{100\,mmol/l}$
>
> $ = 60\,mV \cdot lg\,0{,}1$
> $ = 60\,mV \cdot (-1)$
> $U_G = -60\,mV$

Z6 (F10; Schwierigkeit: IMPP-Hammer)

(A) 1 µm
(B) 12 µm
(C) 25 µm
(D) 12 cm
(E) 100 cm

Und wieder wird physikalisches Grundlagenwissen, versehen mit einer Prise Zehnerpotenzen, geprüft. In dieser Aufgabe wird nach der Wellenlänge gefragt und eine Frequenz angegeben. Zum Physikum solltest du daher auch folgende Formel parat haben:

Ausbreitungsgeschwindigkeit
= Wellenlänge · Frequenz oder kurz $c = \lambda \cdot f$
Diese Formel lässt sich leicht nach der Wellenlänge auflösen:

$$\text{Wellenlänge} = \frac{\text{Ausbreitungsgeschwindigkeit}}{\text{Frequenz}}$$

oder eben $\lambda = \dfrac{c}{f}$

Zur Frequenz: Was war eigentlich noch einmal ein Hertz (Hz)? Ein Hertz ist eine Bezeichnung dafür, wie häufig etwas pro Zeiteinheit (bei Hertz = in Sekunden) passiert oder auftaucht, in diesem Fall sind es elektromagnetische Wellen. Per definitionem gilt daher:

$Hz = \dfrac{1}{s} = s^{-1}$ und $GHz = 10^9 \cdot \dfrac{1}{s} = 10^9 \cdot s^{-1}$

So vorbereitet kannst du den in der Aufgabe genannten Wert von 2,5 GHz in die Formel einsetzen:

$$\text{Wellenlänge} = \frac{\text{Ausbreitungsgeschwindigkeit}}{2{,}5 \cdot 10^9 \cdot s^{-1}}$$

Was jetzt noch fehlt und aus der Aufgabenstellung ärgerlicherweise auch nicht hervorgeht, ist die Ausbreitungsgeschwindigkeit. Hier wird von dir erwartet zu wissen, dass sich Mikrowellen mit Lichtgeschwindigkeit ausbreiten, also mit etwa $3 \cdot 10^8\,m \cdot s^{-1}$ (ganz genau sind es zwar $299\,792\,458\,ms^{-1}$, aber da war man dann doch großzügig).
Der Rest sollte kein Problem mehr darstellen:

$$\text{Wellenlänge} = \frac{3 \cdot 10^8\,m \cdot s^{-1}}{2{,}5 \cdot 10^9 \cdot s^{-1}}$$

LÖSUNGSTEIL

$$= \frac{3}{2,5} \cdot 10^8 \cdot 10^{-9} \text{ m}$$

$$= \frac{3}{2,5} \cdot 10^{-1} \text{ m}$$

Die Sekunden hoch −1 wurden weggekürzt. Zu diesem Zeitpunkt lässt sich bereits anhand der Einheit in Verbindung mit der Zehnerpotenz abschätzen, dass die richtige Antwortmöglichkeit wohl 12 cm sein wird. Aber auch die Kopfrechnung des Bruchs

$$\frac{3}{2,5} = 1,2$$

sollte nicht schwerfallen, verdeutlichst du dir, dass

$$\frac{3}{2,5} = \frac{30}{25} = \frac{6}{5} \text{ ist.}$$

Und dass 1/5 = 0,2 ist. $1,2 \cdot 10^{-1}$ m sind dann 0,12 m und damit lautet die korrekte Antwort tatsächlich 12 cm.

Z7 (F09, Schwierigkeit: teuflisch)
(A) 6,6 µm
(B) 15 µm
(C) 66 µm
(D) 150 µm
(E) 1,5 mm

Hier ist es notwendig, sicher mit Zehnerpotenzen umgehen zu können, und die Formel für die Ausbreitung von Wellen zu kennen. Alternativ kannst du sie dir auch durch Erkennen der Einheiten herleiten: In der Aufgabenstellung findest du eine Zeitangabe in Form der Einheit Hz, die „übersetzt" 1/s bedeutet und eine Geschwindigkeitsangabe in km/s. Gefragt ist nach der Wellenlänge, die z. B. durch Meter oder entsprechende abgeleitete Einheiten wie µm ausgedrückt werden kann. Eine solche abgeleitete Einheit findet sich mit den km auch im Zähler der Geschwindigkeitseinheit. Du musst nun lediglich versuchen, die Sekunden aus dem Nenner weg zu bekommen. Das gelingt dir durch Verrechnung mit den Hz: Teilst du nämlich km/s durch 1/s wandern die Sekunden aus dem Nenner des unteren Doppelbruchs wieder in den Zähler des

Gesamtbruchs und lassen sich prima mit den Sekunden im Zähler kürzen. Was bleibt, sind die km, die nur noch in µm ungeformt werden müssen.

$c = \lambda \cdot f$
c = Schallgeschwindigkeit,
λ = Wellenlänge, f = Frequenz

Da nach der Wellenlänge gefragt wird, löst du die Formel nach λ auf.

$c = \lambda \cdot f \mid :f$
$\frac{c}{f} = \lambda$

Nach Einsetzen der Zahlen steht da:

$$\lambda = \frac{1,5 \text{ km}}{10 \text{ MHz} \cdot \text{s}}$$

(die Sekunde darf zum Vermeiden eines Doppelbruchs in den Nenner des Gesamtbruchs wandern, s. 1.2.4, S. 3).
Die 10 MegaHertz lassen sich zu $10 \cdot 10^6$ Hz oder $1 \cdot 10^7$ Hz umwandeln.

$$\lambda = \frac{1,5 \text{ km}}{1 \cdot 10^7 \text{ Hz} \cdot \text{s}}$$

Ein Hz ist dasselbe wie 1/s.
Was in die Formel eingesetzt ergibt:

$$\lambda = \frac{1,5 \text{ km}}{1 \cdot 10^7 \frac{1}{s} \cdot s}$$

Die Sekunden kürzen sich raus und stehen bleibt $\lambda = \frac{1,5 \text{ km}}{1 \cdot 10^7 \cdot 1}$

1,5 Kilometer können ausgedrückt werden durch: $1,5 \cdot 10^3$ m:

$$\lambda = \frac{1,5 \cdot 10^3 \text{ m}}{1 \cdot 10^7}$$

$$\lambda = \frac{1,5 \cdot 10^3 \text{ m}}{1 \cdot 10^7}$$

$$\lambda = \frac{1,5 \text{ m}}{1 \cdot 10^4}$$

$\lambda = 1,5 \cdot 10^{-4}$ m

$= 150 \cdot 10^{-6}$ m und, da 10^{-6} micro bedeutet, 150 µm.
Die gesuchte Wellenlänge im Gewebe beträgt also 150 µm.

LÖSUNGSTEIL

Z8 (F10; Schwierigkeit: IMPP-Hammer)
(A) 3 cm/s
(B) 7 cm/s
(C) 0,7 m/s
(D) 2 m/s
(E) 20 m/s

Bevor du dich ans Lösen einer solchen Aufgabe machst, heißt es: tief durchatmen und erst mal angegebene Zahlen und Einheiten sichten. Gesucht wird die Strömungsgeschwindigkeit mit der Einheit m/s.
Dass für die Geschwindigkeit, mit der eine Flüssigkeit durch ein Rohr oder eine Kanüle fließt, die Länge dieses Rohrs irrelevant ist, wird hoffentlich nach kurzem Nachdenken klar. Wissenswert ist hier nur, wie viel Flüssigkeit in welcher Zeit durch welchen Querschnitt „gepresst" wird:

Strömungsgeschwindigkeit

$$= \frac{\text{Flüssigkeitsmenge}}{\text{Zeit}} \cdot \text{Querschnitt}$$

An verwertbarem Zahlenmaterial bleibt daher die Zeitangabe von 10 s, die man für den Nenner in m/s gut brauchen kann, das Volumen von 10 ml und die Querschnittsfläche von 0,5 mm².
Anstatt nun schwierige Überlegungen zu den physikalischen Zusammenhängen von Querschnitt und Volumen anzustellen, lohnt sich ein genauer Blick auf die Einheiten:

$10 \text{ ml} = 10 \cdot 10^{-3} \text{ l}$
$\phantom{10 \text{ ml}} = 10 \cdot 10^{-3} \cdot 10^{-3} \text{ m}^3$
$\phantom{10 \text{ ml}} = 10 \cdot 10^{-6} \text{ m}^3$
$\phantom{10 \text{ ml}} = 10^{-5} \text{ m}^3$

Diese Umformung von Litern in Kubikmeter ermöglicht die Division durch die Querschnittsfläche von 0,5 mm². Teilst du eine „Längeneinheit" mit 3 im Exponenten (z. B. Kubikmeter) durch eine „Längeneinheit" mit 2 im Exponenten (z. B. Quadratmeter), erhältst du eine einfache Länge (z. B. Meter):

$$\frac{10^{-5} \text{ m}^3}{0,5 \text{ mm}^2} = \frac{10^{-5} \text{ m}^3}{0,5 \cdot 10^{-6} \text{ m}^2} = \frac{10^{(-5+6)}}{0,5} \text{ m} = 20 \text{ m}$$

und damit den Zähler, den du zur Lösung der Aufgabe brauchst. Setzt du jetzt 20 m als Zähler und 10 s als Nenner in die Formel ein, ergibt sich 20 m/10 s = 2 m/s und damit die gesuchte Antwort.

Übrigens ...
Zur Erinnerung: Bei Flächen und Volumina müssen bei der Umwandlung der Vorsilben kilo-, centi-, milli-, mikro- usw. die Exponenten der Einheiten mit berücksichtigt werden: bei Flächen ist dies der Faktor 2, bei Volumina der Faktor 3.
4 cm² sind also nicht $4 \cdot 10^{-2} \text{ m}^2$, sondern $4 \cdot 10^{-2 \cdot 2} \text{ m}^2$ und damit $4 \cdot 10^{-4} \text{ m}^2$.
16 µm³ werden entsprechend zu $16 \cdot 10^{-6 \cdot 3} \text{ m}^3 = 16 \cdot 10^{-18} \text{ m}^3$.

Merke!

1 l = 1 dm³ = 0,001 m³

Z9 (H06; Schwierigkeit: teuflisch)
(A) 20 nmol/l
(B) 2 µmol/l
(C) 200 µmol/l
(D) 20 mmol/l
(E) 2 mol/l

Auch in diesem Fall solltest du mit dem Erstellen einer Formel beginnen. Am einfachsten fällt dies, wenn du dir dazu die Antwortmöglichkeiten ansiehst (s. 2, S. 7): Gesucht ist eine Konzentration mit der Einheit Mol pro Liter. Angegeben sind das Gewicht der eingenommenen Tablette mit 20 mg, ihre molare Masse von 200 g pro Mol und die 50 l Körperwasser, in denen sich das Medikament verteilt. Um die Einheit Mol/l zu erlangen, müssen die Gramm irgendwie verschwinden und das geht so:

$$\frac{20 \text{ mg}}{50 \text{ l} \cdot 200 \frac{\text{g}}{\text{mol}}} = \frac{(20 \cdot 10^{-3} \text{ g}) \cdot \text{mol}}{50 \text{ l} \cdot 200 \text{ g}}$$

47

LÖSUNGSTEIL

$$= \frac{(2 \cdot 10^{-2}) \cdot mol}{(5 \cdot 10^1) \, l \cdot (2 \cdot 10^2)}$$

$$= \frac{10^{-2} \cdot 10^{-2} \cdot 10^{-1} \cdot mol}{5 \, l}$$

$$= \frac{1}{5} \cdot 10^{-5} \frac{mol}{l}$$

$$= 0{,}2 \cdot 10^{-5} \frac{mol}{l}$$

$$= 2 \cdot 10^{-6} \frac{mol}{l}$$

$$= 2 \cdot \frac{\mu mol}{l}$$

Z10 (F10; Schwierigkeit: teuflisch)
(A)   Sie ist etwa halb so groß.
(B)   Sie ist etwa 5 % kleiner.
(C)   Sie ist etwa 5 % größer.
(D)   Sie ist etwa 35 % größer.
(E)   Sie ist etwa doppelt so groß.

Der pH-Wert ist definiert als der negative Zehnerlogarithmus der Protonen-Konzentration. Da sich die Protonen (Wasserstoffionen) aber in Säuren nicht einfach frei aufhalten, sondern sich an Wassermoleküle hängen, wird die Wasserstoff-Ionenkonzentration der H_3O^+-Ionenkonzentration gleichgesetzt. Das bedeutet:
pH = $-\log(H^+)$
  = $-\log(H_3O^+)$
aber auch $[H_3O^+] = 10^{-pH}$

Im Normalfall ist die Konzentration von Protonen in einer Säure also denkbar gering (10 hoch minus irgendetwas). Damit lässt sich der pH-Wert ganz einfach aus dieser, die Konzentration beschreibenden Zehnerpotenz ablesen: Er ist das „irgendetwas" hinter dem Minus im Exponenten. Für Probe 1 mit pH = 6,1 bedeutet das eine H_3O^+-Konzentration von $10^{-6,1}$ mol/l, für Probe 2 mit pH = 6,4 eine H_3O^+-Konzentration von $10^{-6,4}$ mol/l. Der Quotient dieser beiden Konzentrationen, nach dem hier gefragt ist („Wie groß ist die Konzentration von 1 im Vergleich zu 2?"), sieht daher folgendermaßen aus:

$$\frac{\text{Probe 1}}{\text{Probe 2}} = \frac{10^{-6,1} \frac{mol}{l}}{10^{-6,4} \frac{mol}{l}} = 10^{-6,1} \cdot 10^{6,4} = 10^{0,3}$$

Freundlicherweise war in der Frage angegeben, dass $10^{0,3}$ in etwa 2,0 sind, was bedeutet, dass Probe 1/Probe 2 = 2,0/1 gilt und damit die H_3O^+-Konzentration in Probe 1 doppelt so groß ist wie in Probe 2.

Z11 (F11, Schwierigkeit: IMPP-Hammer)
(A)   6
(B)   8
(C)   9
(D)   11
(E)   12

Zur Lösung dieser Aufgabe ist die Kenntnis der Konstitutionsformel von Natriumlactat (CH_3–CHOH–COO^- Na^+) oder zumindest seiner Summenformel notwendig ($NaC_3H_5O_3$). Mit ihr lässt sich nämlich die Molekülmasse von Natriumlactat ermitteln. Und ist diese einmal bekannt, lässt sich zusammen mit Gramm- und Literangaben aus der Aufgabenstellung die Konzentration in mol/L errechnen und damit auch zügig der pH-Wert.

Für die Ermittlung der Molekülmasse müssen die Atommassen jeweils mit der Anzahl der entsprechenden Atome multipliziert werden. Die Summe dieser Produkte ergibt dann die **Molekülmasse**. In Natriumlactat liegt ein Natrium vor, also 1 · 23 = 23. Drei Kohlenstoffe ergeben 3 · 12 = 36, fünf Wasserstoffatome 5 · 1 = 5 und drei Sauerstoffe 3 · 16 = 48. Die Summe ist also 23 + 36 + 5 + 48 = 112. Damit wiegt Natriumlactat 112 g/mol.

Die **Konzentration** in mol/L errechnet sich jetzt aus dieser Angabe und der Tatsache, dass 1,12 g Natriumlactat pro Liter vorliegen (das steht in der Aufgabenstellung):

$$C = \frac{1{,}12 \frac{g}{l}}{112 \frac{g}{mol}}$$

Beide „Gramms" kürzen sich weg, die „Liter" rutschen unter, die „Mol" über den Bruchstrich und es bleibt:

$$C = \frac{1{,}12 \, mol}{112 \, L} = 0{,}01 \frac{mol}{L}$$

LÖSUNGSTEIL

Um die Formel für den pH-Wert auszufüllen, fehlt nun noch lediglich der **pK$_B$-Wert**, der sich aus dem vorgegebenen pK$_S$-Wert errechnet, wobei gilt: pK$_B$ = 14 − pK$_S$ = 14 − 4 = 10.
Es lässt sich also einsetzen und für den **pH-Wert** ausrechnen:
pH ≈ 14 − 1/2 · (pK$_B$ − log$_{10}$ c)
= 14 − 1/2 · (10 − log$_{10}$0,01) = 14 − (10 − log$_{10}$10^{-2})
= 14 − (10 − (−2)) = 14 − 6 = 8
Die korrekte Antwort für diese zugegebenermaßen nicht ganz einfache Aufgabe ist also (B). Der pH-Wert der Lösung beträgt 8.

Z12 (F11; Schwierigkeit: Routine)
(A) 2
(B) 10
(C) 20
(D) 50
(E) 200

Gefragt ist nach dem Faktor der Änderung des Schall(wechsel)drucks. Du brauchst hier also die „20er-Tabelle", in der der Schalldruckpegel von 20 dB die richtige Spalte determiniert. Wenn du die Tabelle auswendig kannst, wirst du jetzt schon die richtige Lösung wissen. Rechne aber trotzdem mal Schritt für Schritt die 20 dB Spalte nach oben, um im Umgang mit Zehnerpotenzen und Logarithmen sicherer zu werden.
20 dB = 20 · log s |÷ 20
20/20 = log s
1 · log s = 1

Das log wirst du los, indem du auf beiden Seiten des Gleichheitszeichens 10^x rechnest.
log s = 1 |10^x
10$^{(\log s)}$ = 10^1; 10$^{\log}$ löst sich auf und 10^1 sind 10, bleibt übrig: s = 10

Der gesuchte Faktor ist also **10** mal höher als beim Gesunden.

> **Übrigens ...**
> Die in der Frage angesprochenen 1000 Hz sollen dich nur ablenken und haben nichts mit der Lösung zu tun!

Z13 (F12; Schwierigkeit: Lösbar)
(A) 1 · 10^{-4}
(B) 2 · 10^{-4}
(C) 1/100
(D) 0,02
(E) 1/20

In dieser Frage ist nach dem Faktor der Änderung der Schallintensität gesucht. Hier benötigst du also die „10er-Tabelle", in der die 20 dB die korrekte Spalte angibt. Auch hier geht es erstmal ausführlich weiter
20 dB = 10 · log i |÷10
20/10 = log i
log i = 2 |10^x
10$^{(\log i)}$ = 10^2
i = 100
Der Faktor der Schallintensität ändert sich also um 100. Da wir hier aber einen Hörverlust (durch die Gehörschützer) von 20 dB haben, verringert sich die Schallintensität um den Faktor 100 auf **1/100**.

4. Prozentrechnung

P1 (H07; Schwierigkeit: lösbar)
(A) 1,8 g
(B) 4,5 g
(C) 18 g
(D) 45 g
(E) 180 g

Let`s Dreisatz: In einer 100 %igen Kochsalzlösung mit 2 l Wasser wären 2 kg NaCl (bei einem Liter Wasser = 1 kg), in einer 0 %igen Lösung gar kein Kochsalz zu finden.
1. Satz: 100 % = 2 kg = 2000 g | :100
2. Satz: 1 % = 20 g
In einer 1 %igen Lösung befinden sich also 20 g Kochsalz. (Und schon ist klar, dass nur Antwort (C) als richtige Lösung in Betracht kommt.)
Hier aber dennoch Satz 3 des Dreisatzes, der das genaue Ergebnis liefert:
1 % = 20 g | : 10
0,1 % = 2 g
0,1 % = 2g | · 9
0,9 % = 18 g

LÖSUNGSTEIL

P2 (F09; Schwierigkeit: lösbar)
- (A) **17 kPa**
- (B) 20 kPa
- (C) 23 kPa
- (D) 26 kPa
- (E) 29 kPa

Der Schlüssel zur Beantwortung dieser Frage ist die Kenntnis der Zusammensetzung der Luft: Stickstoff ~75 %, Sauerstoff ~21 % und Edelgase ~1 %.
Der O_2-Partialdruck beschreibt den Anteil des Sauerstoffs am Gesamtdruck eines Gasgemischs und ist proportional zum prozentualen Anteil des Sauerstoffs an diesem Gemisch. Der angegebene Gesamtdruck der Luft beträgt 80 kPa. Etwas mehr als 20 % davon entfallen auf den Sauerstoff. Wie viel das genau ist, erfährst du mit Hilfe des Dreisatzes:
100 % = 80 kPa | :5
20 % = 16 kPa
Somit ist die Lösung auch schon gefunden: Es ist (A) mit 17 kPa.

> **Übrigens ...**
> Man kann die letzte Rechnung 80 : 5 auch in zwei Einzelschritten rechnen: 50 geteilt durch 5 = 10, verbleiben noch 30 → 30 geteilt durch 5 = 6, und 10 + 6 = 16.

P3 (F11, Schwierigkeit: IMPP-Hammer)
- (A) 0,1 %
- (B) 0,3 %
- (C) 0,8 %
- (D) 1 %
- (E) **3 %**

Auch hier ist die Lösung per Dreisatz möglich. Das Elastizitätsmodul, das für einen bestimmten Stoff (im vorliegenden Fall für eine Sehne) beschreibt, welche Spannung für welche Dehnung notwendig ist, wird gleich 100 % gesetzt und dann auf einen nützlichen kleineren Prozentwert runtergerechnet:

100 % = 0,2 GPa = $0,2 \cdot 10^9 \frac{N}{m^2}$ | ÷ 10^2

1 % = $0,2 \cdot 10^7 \frac{N}{m^2}$ = $2 \cdot 10^6 \frac{N}{m^2}$

Der dritte Satz erfährt in diesem Falle eine minimale Änderung, denn vorgegeben ist dieses Mal nicht der Prozentwert, sondern mit
$6 \frac{N}{mm^2}$ (= $6 \cdot 10^6 \frac{N}{m^2}$)
ein weiterer Absolutwert, der nun Ausgangspunkt sein soll, um auf den korrekten Prozentwert zu kommen. Du überlegst also, wie häufig der oben errechnete 1 %-Wert in diesen Absolutwert hineinpasst. Da Zehnerpotenzen und Einheiten mit 10^6 N/m² ohnehin die gleichen sind, reicht ein Blick auf die Zahlen davor (2 und 6) aus. Da die 2 dreimal in die 6 passt, müssen $6 \cdot 10^6$ N/m² drei Prozent des Elastizitätsmoduls entsprechen, sich eben diese relative Längenänderung der Sehne ergeben und damit (E) die korrekte Antwort sein.

5. Fehlerrechnung

F1 (F09; Schwierigkeit: lösbar)
- (A) ±1,5 %
- (B) ±6,0 %
- (C) 6,7 %
- (D) **±15 %**
- (E) ±60 %

Auch diese Aufgabe lässt sich Schritt für Schritt mit dem Dreisatz lösen: Der Ausgangswert (100 %) sind die angegebenen 20 mmHg. Der ebenfalls angegebene absolute Fehler von ±3 mmHg führt zu einem Fehlerintervall zwischen 17 mmHg (−) und 23 mmHg (+).
20 mmHg = 100 % | : 10
2 mmHg = 10 %
2 mmHg = 10 % | : 2
1 mmHg = 5 %
1 mmHg = 5 % | · 3
3 mmHg = 15 %
Der relative Fehler beträgt also ±15 %.

LÖSUNGSTEIL

F2 (H06; Schwierigkeit: Routine)
(A) 37,3 °C
(B) 37,4 °C
(C) 37,5 °C
(D) 37,6 °C
(E) 37,7 °C

Um diese Frage möglichst schnell zu lösen, gibt es einen kleinen Trick. Bevor du den kennenlernst, kommt hier aber erst mal der ausführliche Weg zum warm werden:

Mittelwert

$= \frac{37,2\ °C + 37,8\ °C + 37,2\ °C + 37,5\ °C + 37,3\ °C}{5}$

$= \frac{187\ °C}{5}$

Aufgeteilt in kleine Schritte zum leichteren Rechnen:

$\frac{150\ °C}{5} = 30\ °C$, verbleiben 37,

$\frac{35\ °C}{5} = 7\ °C$, verbleiben noch 2:

$\frac{2\ °C}{5}$ bei $\frac{1}{5} = 0,2 \rightarrow \frac{2\ °C}{5} = 0,4\ °C$

Die Zwischenwerte addiert ergeben:
30 °C + 7 °C + 0,4 °C = 37,4 °C.
Somit ist B die korrekte Lösung.

Bei diesem Rechenweg müssen relativ große Dezimalzahlen im Kopf addiert werden, was leicht zu Fehlern führen kann. Schaust du dir die angegebenen Temperaturen jedoch genauer an, fällt auf, dass sich die 37 °C in den unterschiedlichen Messungen nie verändern, lediglich die Dezimalstellen variieren. Daher kannst du davon ausgehen, dass auch das Endergebnis 37, irgendwas °C sind und einfach nur den arithmetischen Mittelwert der Dezimalstellen berechnen:

Mittelwert

$= \frac{0,2\ °C + 0,8\ °C + 0,2\ °C + 0,5\ °C + 0,3\ °C}{5}$

$= \frac{2,0\ °C}{5}$

Auch hier ergibt $= \frac{2}{5} = 0,4\ °C$

Der gesuchte Mittelwert ist damit auch hier 37 °C + 0,4 °C = 37,4 °C.

6. Halbwertszeitrechnung

H1 (F09; Schwierigkeit: Routine)
(A) 3 Tage
(B) 8 Tage
(C) 22 Tage
(D) 27 Tage
(E) 80 Tage

Gesucht wird die Zeit, nach der noch 10 % der Aktivität verbleiben. Gegeben ist die Halbwertszeit von acht Tagen, was bedeutet, dass nach acht Tagen noch 50 % der Ursprungsaktivität vorhanden sind. Somit fallen die Antworten A) und B) schon mal weg, da hier die Aktivität nach den angegebenen Zeiträumen größer oder gleich 50 % ist. Auch Antwort E scheidet aus, da 80 Tage = 10 Halbwertszeiten sind und somit nur 0,1 % der Ursprungsaktivität entsprechen (s. 6, S. 19). Bleiben noch C) und D). Hier lohnt es sich, eine kleine Tabelle aufzustellen.

Anzahl Halbwertszeiten	0	1	2	3	4	5
Zeit in Tagen	0	8	16	24	32	40
Ursprungsaktivität in %	100	50	25	12,5	6,25	3,13

Tab. 13: Halbwertszeiten Aufgabe H1

Die gesuchten 10 % der Ursprungsaktivität liegen zwischen 3 (12,5 %) und 4 (6,25 %) Halbwertszeiten. Ein Blick auf die Lösungen zeigt, dass nur D) 27 Tage richtig sein kann. Die Antwort C) mit 22 Tagen liegt nämlich zwischen 2 und 3 Halbwertszeiten.

H2 (H08; Schwierigkeit: lösbar)
(A) 10^{-3} s
(B) 0,5 s
(C) 0,2 min

LÖSUNGSTEIL

(D) 2 min
(E) 1000 min

Bei dieser Frage musst du das Pferd von hinten aufzäumen: Gesucht wird die Halbwertszeit bei gegebener Zeit und Aktivität. Auch hier ist eine Tabelle der Übersichtlichkeit dienlich:

Anzahl Halb-wertszeiten	Zeit	Ursprungs-aktivität in %
0	?	100
1	?	50
2	?	25
3	?	12,5
4	?	6,25
5	?	3,13
6	?	1,56
7	?	0,78
8	?	0,39
9	?	0,19
10	20	0,1

Tab. 14: Halbwertszeiten Aufgabe H2

In der Zeile der Ursprungsaktivität halbierst du wie gewohnt von Halbwertszeit zu Halbwertszeit, bis du bei 0,1 % ankommst und bestätigt findest, dass dies 10 Halbwertszeiten dauert. Erinnerst du dich an die Formel

Zeit = Anzahl Halbwertszeiten · Halbwertszeit | : Anzahl Halbwertszeiten

$$\frac{\text{Zeit}}{\text{Anzahl Halbwertszeiten}} = \text{Halbwertszeit}$$

musst du nur noch die angegebenen Werte einsetzen und hast das Ergebnis damit gefunden:

$$\text{Halbwertszeit} = \frac{20 \text{ min}}{10} \rightarrow \text{Halbwertszeit} = 2 \text{ min}$$

H3 (H06; Schwierigkeit: lösbar)
(A) $1/\sqrt{5}$
(B) 1/5
(C) 1/16
(D) 1/25
(E) 1/32

Die Halbwertszeit spielt nicht nur im Zusammenhang mit radioaktiven Stoffen eine Rolle, sondern überall dort, wo es zu einem exponentiellen Abfall von irgendetwas kommt. In dieser Aufgabe taucht die Halbwertszeit z. B. als Halbwertstiefe auf. Angegeben ist eine Halbwertstiefe von 1,2 cm. Gefragt wird, um wie viele Halbwertstiefen die Schallintensität in 6 cm Tiefe abgenommen hat.
Auch hier hilft die Halbwertszeitformel weiter, wenngleich auch in abgewandelter Form (einfach das Wort Zeit ersetzen durch Tiefe):

Tiefe = Anzahl Halbwertstiefen · Halbwertstiefe | : Halbwertstiefe

$$\rightarrow \text{Anzahl Halbwertstiefen} = \frac{\text{Tiefe}}{\text{Halbwertstiefe}}$$

Mit den angegebenen Werten versehen, sieht das dann so aus:

$$\text{Anzahl Halbwertstiefen} = \frac{6 \text{ cm}}{1,2 \text{ cm}}$$

Um die Dezimalzahl 1,2 zu vermeiden, kannst du den Bruch mit 10 erweitern:

$$\text{Anzahl Halbwertstiefen} = \frac{6 \text{ cm}}{1,2 \text{ cm}} \mid \cdot 10$$

$$\text{Anzahl Halbwertstiefen} = \frac{60 \text{ cm}}{12 \text{ cm}}$$

$$= \frac{5 \text{ cm}}{1 \text{ cm}} = 5$$

Damit ist schon mal klar, dass 6 cm 5 Halbwertstiefen entsprechen. Als Lösungsmöglichkeiten sind jedoch nur Brüche angegeben. Daher empfiehlt sich auch hier wieder das Anlegen einer kleinen Tabelle.

Halbwertstiefen	0	1	2	3	4	5
Schallintensität in %	100	50	25	12,5	6,25	3,12
Schallintensität im Bruch	1/1	1/2	1/4	1/8	1/16	1/32

Tab. 15: Halbwertstiefen Aufgabe H3

Und schon hast du die richtige Lösung vor Augen: Nach 6 cm = 5 Halbwertstiefen ist

LÖSUNGSTEIL

die Schallintensität auf 3,12 % = 1/32 gefallen, was Möglichkeit (E) 1/32 zur korrekten Lösung macht.

7. Optik

Op1 (H08; Schwierigkeit: Routine)
(A) +1 dpt
(B) +2 dpt
(C) +4 dpt
(D) +6 dpt
(E) +7 dpt

Bei dieser Aufgabe ist es wie bei allen Optik-Aufgaben sinnvoll, die angegebenen cm in m umzurechnen, bevor du die Werte einsetzt. Der Nahpunkt wird mit 50 cm angegeben. Gefragt ist, wie sich die Brechkraft verändern muss, um diesen Punkt bis auf 25 cm an das Auge heranzuholen. Benötigt wird dazu die Formel:

$D = \dfrac{1}{N}$ D = Brechkraft, N = Nahpunkt

Ein Nahpunkt von 50 cm = 0,5 m entspricht einer Brechkraft von D = 1/0,5 m.
Erweiterst du mit 10 im Zähler und Nenner, lässt sich dieser Bruch leicht ausrechnen:

$D = \dfrac{1}{0{,}5\ m} \mid \cdot 10$

$D = \dfrac{1 \cdot 10}{0{,}5\ m \cdot 10}$

$D = \dfrac{10}{5\ m}$

$D = 2\ m^{-1} = 2\ dpt$

Ein Nahpunkt von 25 cm = 0,25 m entspricht einer Brechkraft von D = 1/0,25 m. Da sich hier zwei Dezimalstellen im Nenner befinden, erweiterst du am besten mit 100.

$D = \dfrac{1}{0{,}25\ m} \mid \cdot 100$

$D = \dfrac{100}{25\ m}$

$D = 4\ m^{-1} = 4\ dpt$

Um den Nahpunkt von 50 cm auf 25 cm zu bringen, muss die Brechkraft also von 2 dpt auf 4 dpt verdoppelt werden. Dies gelingt mit einer Sammellinse (Sammellinsen besitzen immer eine positive Brechkraft) von 4 dpt – 2 dpt = +2 dpt.

> **Übrigens ...**
> Da in der Aufgabe von Weitsichtigkeit gesprochen wird, musst du dir keine Gedanken über den Fernpunkt machen. Dieser liegt beim Normalsichtigen und beim Weitsichtigen im Unendlichen und der Ausdruck 1/F (F = Fernpunkt) nähert sich daher Null.

Op2 (H08; Schwierigkeit: teuflisch)
(A) 1,0
(B) 1,5
(C) 2,5
(D) 4,1
(E) 6,0

Diese Aufgabe erfordert einen sicheren Umgang mit der Einheit Dioptrie. In der Aufgabe ist die Entfernung eines Gegenstands zum Auge mit 25 cm angegeben. Die Brechkraft, um diesen Gegenstand scharf auf der Retina abzubilden, beträgt wieder (s. Aufgabe Op1)

$D = \dfrac{1}{0{,}25\ m} \mid \cdot 100$

$D = \dfrac{100}{25\ m}$

$D = 4\ m^{-1} = 4\ dpt$

Der Proband hält nun eine Lupe mit +6 dpt vor das Auge und akkommodiert auf einen unendlich weiten Fernpunkt. Daher musst du nun die 4 dpt mit den 6 dpt vergleichen, was am einfachsten mit dem guten alten Dreisatz funktioniert:

4 dpt = 100 %
1 dpt = 25 %
6 dpt = 150 %

Da die Brechkraft mit der Bildgröße auf der Retina korreliert, erzielt der Proband mit seiner Lupe eine Vergrößerung von 1,5.

LÖSUNGSTEIL

Übrigens ...
Einige Physikumsteilnehmer addierten einfach die 6 dpt zu den errechneten 4 dpt hinzu und kreuzten so fälschlicherweise Antwort C) an. (10 dpt verglichen mit 4 dpt würde eine Vergrößerung um den Faktor 2,5 ergeben.) In der Aufgabe ist aber die Rede von einem entspannten, fernakkomodierten Auge, NACHDEM der Proband den Gegenstand in 25 cm Entfernung, also mit einer Brechkraft von 4 dpt, betrachtet hat. Also bitte immer genau lesen, was da steht!

Op3 (H11; Schwierigkeit: Routine)
(A) 0,125 m
(B) 0,2 m
(C) 0,33 m
(D) 0,5 m
(E) 1,0 m

Wie du sicher schon beim Rechnen gemerkt hast, ähnelt diese Aufgabe der Beispielaufgabe im Theorieteil (s. 7, S. 22). Trotzdem unterscheidet sich diese Aufgabe im letzten Schritt und Übung macht ja bekanntermaßen den Meister.
Zuerst musst du den über die Stärke der Kurzsichtigkeit den Fernpunkt ausrechnen

$$D_{Myopie} = \frac{1}{F}$$

eingesetzt

$$3 \text{ dpt} = \frac{1}{F} \quad |\cdot F \quad | \div 3 \text{ dpt}$$

$$F = \frac{1}{3 \text{ dpt}}.$$

Da du nun schon das Dioptrie in Meter Umrechnen geübt hast (vgl. Beispielaufgabe, s. 7, S. 22) kannst du sofort sagen, dass der Fernpunkt bei F = 1/3 m liegt.
Zusammen mit der in der Lösung angegebenen Akkommodationsbreite wird der Fernpunkt in

$$AB = \frac{1}{N} - \frac{1}{F} \text{ eingesetzt:}$$

$$2 \text{ dpt} = \frac{1}{N} - \frac{1}{\frac{1}{3} m}.$$

Die 3 wird in den Zähler geholt (s. 1.2.3, S. 2)

$$2 \text{ dpt} = \frac{1}{N} - 3 \text{ dpt} \quad | + 3 \text{ dpt}$$

$$5 \text{ dpt} = \frac{1}{N} \quad | \cdot N \div 5 \text{ dpt}$$

$$N = \frac{1}{5 \text{ dpt}}$$

$$N = \frac{1}{5 \cdot \frac{1}{m}}$$

hier wieder selbiger Trick mit den m

$$N = \frac{1}{5} m$$

Der Nahpunkt dieses Patienten liegt durch seine Alterssichtigkeit bei **0,2 m**.

Op4 (F11; Schwierigkeit: lösbar)
(A) 0,2 m unterschreitet
(B) 0,5 m unterschreitet
(C) 0,5 m überschreitet
(D) 2 m überschreitet
(E) 4 m überschreitet

Diese Frage fordert von dir mehr als bloßes Einsetzen in Formeln. Aber nicht verzagen, durch deine Übung mit den vorherigen Aufgaben findest du sicher den richtigen Lösungsweg!
Du hast sicherlich schon einmal die Brille eines Freundes auf die Nase gesetzt um nachzuvollziehen, was er durch seine „Augen" sieht. Jedoch war das Resultat immer verschwommen und machte sehr schnell Kopfschmerzen. Aber was genau passiert eigentlich, wenn du eine falsche Linse vor das Auge hältst? In dem Beispiel des IMPP setzt ein Normalsichtiger eine Sammellinse (positive Brechkraft) von +2 dpt auf. Er schafft sich so eine künstliche Kurzsichtigkeit von 2 dpt. Nicht vergessen:
– Kurzsichtigkeit: Relativ zu starke Brechkraft durch zu langen Bulbus.
– Weitsichtigkeit: Relativ zu schwache Brechkraft durch zu kurzen Bulbus.

LÖSUNGSTEIL

Durch die Kurzsichtigkeit kann er keine weit-entfernten Gegenstände mehr betrachten (Fernpunkt im Reellen). Alle Lösungsmöglichkeiten, die also darauf abzielen, dass er in der Nähe unscharf sieht (A und B), sind schonmal raus. Für C, D und E musst du also noch den genauen Fernpunkt (weitester Punkt des scharfen Sehens) bestimmen. Hier hilft dir die schon bekannte Formel weiter:

$D_{Myopie} = \dfrac{1}{F}$ eingesetzt:

$2 \text{ dpt} = \dfrac{1}{F} \quad | \cdot F \quad | \div 2 \text{ dpt}$

$F = \dfrac{1}{2 \text{ dpt}}$

$F = \dfrac{1}{2}$ m.

Somit liegt der Fernpunkt bei 0,5 m und der vermeintliche Brillenträger sieht alles unscharf, was 0,5 m überschreitet.

8. Geometrie

G1 (F07; Schwierigkeit: teuflisch)
(A) $\sqrt{5}$ fache
(B) 5 fache
(C) 6 fache
(D) 25 fache
(E) 36 fache

Hier darfst du nicht den Fehler machen, 1,5 mm direkt mit 7,5 mm zu vergleichen. Sonst stellst du nämlich fest, dass sich beide bloß um den Faktor 5 unterscheiden und lochst damit die falsche Antwort B ein.

Vielmehr solltest du dir verdeutlichen, dass der Radius in die Formel der Kreisfläche im Quadrat eingeht: $A = \pi \cdot r^2$

Bevor du jetzt wertvolle Zeit damit verschwendest, die Kreisfläche für 1,5 mm und anschließend für 7,5 mm exakt auszurechnen, um diese miteinander zu vergleichen, solltest du dir klar machen, was es bedeutet, wenn du eine Formel mit nur einem einzigen variablen Wert hast (π ist ja eine Konstante): Es ermöglicht dir, die ganze Formel zu vereinfachen, indem du die Konstante π willkürlich als 1 definierst. Den Ausgangsradius der Pupille kannst du in diesem Gedankenspiel auch einfach willkürlich auf 1 festlegen und die Einheiten lässt du weg. Damit lautet die Formel:

$A_1 = \pi \cdot r_1^2 \rightarrow A_1 = 1^2 = 1$

Da der Endradius der Pupille (7,5 cm) fünffach größer ist als der Anfangsradius (1,5 cm), beträgt der Zielradius in diesem Gedankenspiel 5.
$A_2 = \pi \cdot r_2^2 \rightarrow A_2 = 1 \cdot 5^2$
$\rightarrow A_2 = 5^2 = 5 \cdot 5 = 25$

Vergleichst du jetzt A_2 mit A_1, fällt auf, dass A_2 25 mal größer ist als A_1. Und damit hast du die richtige Lösung dieser Aufgabe auch schon gefunden.

Übrigens ...
Wird nach einem Verhältnis gefragt und in einer Formel nur ein Wert verändert, darf man den Rest gleich 1 setzen. Dieser Weg ist um einiges einfacher und zeitsparender als das genaue Ausrechnen der Formel.

9. Oxidationszahlen

Ox1 (Übungsaufgabe)
a) HCl (H: +I, Cl: –I)
b) NH_3 (H: +I [mal 3], N: –III),
c) H_2O (H: +I [mal 2], O: –II)
d) CH_4 (H: +I [mal 4], C: –IV)
e) CO (O: –II, C: +II)
f) CO_2 (O: –II [mal 2], C: +IV)
g) MgO (O: –II, Mg: +II)
h) Fe_2O_3 (O: –II [mal 3], Fe: +III [mal 2])
i) H_2S (H: +I [mal 2], S: –II)
j) $NaNO_2$ (O: –II [mal 2], Na: +I, N: +III)
k) NH_4Cl (H: +I [mal 4], N: –III, Cl: –I)
l) HCO_3^- (H: +I, O: –II [mal 3], C: +IV)
m) HSO_4^- (H: +I, O: –II [mal 4], S: +VI)
n) HPO_4^{2-} (H: +I, O: –II [mal 4], P: +V)

LÖSUNGSTEIL

Ox2 (F09, Schwierigkeit: teuflisch)
(A) Ammoniumchlorid
(B) Kaliumcyanid
(C) Lachgas
(D) Stickstoff
(E) Stickstoffmonoxid

Eine zugegebenermaßen nicht ganz unchemische Frage. Zunächst wird vorausgesetzt, dass du weißt, welche Formeln sich hinter diesen Bezeichnungen verbergen. Hast du die richtige Formel, kannst du auch schon jedem Atom eine Oxidationszahl zuordnen. Vom Einfachen zum Schwierigen sieht das so aus:
Stickstoff (= N_2) ist ein Element und erhält damit die Oxidationszahl 0.
Beim Stickstoffmonoxid (= NO) ist eine ganz klassische Aufteilung der Oxidationszahlen möglich: O bekommt wie gewohnt die Oxidationszahl –II und das N-Atom daraus resultierend die Oxidationszahl +II.
Auch im Lachgas (= N_2O) ist O wieder mit –II dabei. Für die Ergänzung zur 0 muss das N-Atom, weil es doppelt vorhanden ist, die Oxidationszahl +I bekommen.
Im Ammoniumchlorid (= NH_4Cl) wird zunächst den H-Atomen die Oxidationszahl +I zugeordnet, was insgesamt vier positive Ladungen ergibt, anschließend erhält das Halogen Chlor eine –I.
Übrig bleibt der Stickstoff, der dieser Verbindung mit einer –III zur gewünschten 0 verhilft. Kaliumcyanid (= KCN): Hier wird's bitter. Weit und breit sind weder Wasserstoff- noch Sauerstoffatome zu sehen. Einziger Anhaltspunkt ist das Alkalimetall Kalium mit seiner Oxidationszahl +I. Was den Kohlen- und den Stickstoff angeht, musst du dich an die Elektronegativität halten: die Elektronegativität von C liegt bei etwa 2,6 und die von N bei 3,0. Das Stickstoffatom hat damit also das höchste Potenzial, Elektronen zu binden. Damit ist klar, dass ihm eine negative Oxidationszahl zugeordnet werden muss und KCN nicht die korrekte Antwort auf diese Frage sein kann.

Fazit:
A) Im Ammoniumchlorid hat N die Oxidationszahl –III,
B) im Kaliumcyanid ist die Oxidationszahl von N negativ,
C) im Lachgas liegt sie bei +I,
D) im Stickstoff beträgt sie 0, da ja ein Element vorliegt und
E) im Stickstoffmonoxid schließlich +II, was die höchste der hier aufgeführten Oxidationszahlen und damit auch die richtige Antwort ist.

Ox3 (H09; Schwierigkeit: lösbar)
Welche Aussage trifft zu?
(A) In H_2O_2 hat jedes der beiden O die Oxidationszahl –2.
(B) In HPO_4^{2-} hat P die Oxidationszahl +5.
(C) In MnO_4^- hat Mn die Oxidationszahl +5.
(D) In N_2 hat jedes der beiden N die Oxidationszahl +1.
(E) In SO_2 hat S die Oxidationszahl +2.

Üblicherweise hat Sauerstoff die Oxidationsstufe –II, in Wasserstoffperoxid hat er jedoch –I. Eine Ausnahme, die du dir auf jeden Fall merken solltest und dich hier schon mal Antwort (A) ausschließen lässt. In (B) verhält sich alles regelrecht: H hat die Oxidationszahl +I und O hat –II, was bei einem H (+I) und vier O (–VIII) in der Summe –VII ergibt. Unter Berücksichtigung der Gesamtladung des Moleküls von –2 kannst du dir die Oxidationszahl des Phosphors von +V errechnen und hast damit die gesuchte richtige Lösung auch schon gefunden. In (C) und (E) fällt die Bestimmung noch etwas leichter: Zielwert bei (C) ist eine Ladung von –1. Die vier Sauerstoffatome ergeben eine Oxidationszahl von insgesamt viermal –II, also –VIII, was für Mn +VII übrig lässt. Bei (E) ergibt sich mit zwei Sauerstoffatomen eine Gesamtoxidationszahl des Sauerstoffs von –IV. Da der Zielwert hier 0 ist (ungeladenes Molekül), muss S die Oxidationszahl +IV haben. Der N_2 in (D) schließlich

LÖSUNGSTEIL

ist ein Element, das per definitionem die Oxidationszahl 0 hat.

10. Biologie

Bi1 (F08; Schwierigkeit: teuflisch)
(A) 1/4
(B) 1/3
(C) 1/2
(D) 2/3
(E) 3/4

Der Träger einer autosomal-rezessiven Erkrankung muss den Genotyp aa besitzen. Seine Geschwister, die phänotypisch gesund sind, haben dementsprechend entweder AA (gesund, nicht heterozygot) oder Aa (heterozygot) als Genotyp. Da im Fragentext weder kranke Geschwister noch kranke Eltern erwähnt werden, muss man davon ausgehen, dass es auch keine gibt. Aus diesen Angaben lässt sich schließen, dass beide Eltern den Genotyp Aa besitzen. Zur Veranschaulichung empfiehlt sich wieder das Anlegen einer Tabelle:

Mutter	Vater	
	A	a
A	AA	Aa
a	aA	aa

Tab. 16: Autosomal-rezessiver Erbgang, Aufgabe Bi1

Und/oder einer Skizze:

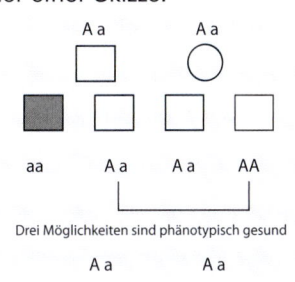

Aa   Aa

aa   Aa   Aa   AA

Drei Möglichkeiten sind phänotypisch gesund

Aa   Aa

Zwei von den drei Möglichkeiten sind heterozygot

Abb. 5: Autosomal-rezessiver Erbgang, Aufgabe Bi1

medi-learn.de/6-mathe-5

Die zwei heterozygoten Möglichkeiten musst du in Bezug setzen zu den drei Möglichkeiten der Geschwister, phänotypisch gesund zu sein. Dies ergibt eine Wahrscheinlichkeit von 2/3, dass eines der Geschwister heterozygot für diese autosomal-rezessive Krankheit ist.

Bi2 (F09; Schwierigkeit: teuflisch)
(A) 1/16
(B) 1/8
(C) 1/4
(D) 1/2
(E) 1

Die Blutgruppenmerkmale M und N sind kodominant, was bedeutet, dass sie beide gleich stark auf den Phänotyp einwirken. Auch zur Lösung dieser Aufgabe ist es wieder sinnvoll, die möglichen Blutgruppen der Kinder mithilfe einer Tabelle darzustellen:

Mutter	Vater	
	M	N
M	MM	(MN)
N	(NM)	NN

Tab. 17: kodominanter Erbgang, Aufgabe Bi2

Die Chance des Paares, ein Kind mit der Blutgruppe MN zu bekommen, beträgt demnach 1/4 + 1/4 = 1/2.
Doch Vorsicht: Auch hier musste man die Aufgabe wieder genau lesen, um nicht an dieser Stelle mit dem Rechnen aufzuhören und fälschlicherweise (D) anzukreuzen. Gefragt ist hier nicht nach einem Kind, sondern nach zweien ... Wie bei einem Münzwurf besteht eine 50 %ige Chance, ein Kind mit der Blutgruppe MN und eine 50 %ige Chance, ein Kind mit einer anderen Blutgruppe zu bekommen. Die Wahrscheinlichkeit einer Münze, n-mal auf derselben Seite zu liegen zu kommen, wird mit $(1/2)^n$ errechnet. In dieser Aufgabe soll die Münze zweimal mit der gleichen Seite nach oben zu liegen kommen oder, auf die

LÖSUNGSTEIL

Frage bezogen, beide Zwillinge die Blutgruppe MN haben:

$$\left(\frac{1}{2}\right)^n = \frac{1}{2} \cdot \frac{1}{2} = \frac{1}{4}$$

Zur Erinnerung: Brüche werden multipliziert indem man den Zähler mit dem Zähler und den Nenner mit dem Nenner multipliziert.
Die Wahrscheinlichkeit, dass die beiden Kinder die Blutgruppe MN besitzen, beträgt also 1/4.

> **Übrigens ...**
> Eineiige Zwillinge haben immer dieselbe Blutgruppe. Zweieiige Zwillinge hingegen können wie zwei Nichtzwillinge auch die gleiche oder eine andere Blutgruppe haben.

Bi3 (H09; Schwierigkeit: teuflisch)
Diese Schilderung
(A) ist nicht mit den Mendelschen Vererbungsregeln vereinbar,
(B) ist bei 1/4 aller solcher Familien mit fünf Kindern und einem erkrankten Elternteil zu erwarten,
(C) ist bei 1/8 aller solcher Familien mit fünf Kindern und einem erkrankten Elternteil zu erwarten,
(D) ist bei 1/32 aller solcher Familien mit fünf Kindern und einem erkrankten Elternteil zu erwarten,
(E) ist nur möglich, wenn auch die Mutter die gleiche Krankheit aufweist.

Diese Frage hat es wirklich in sich. Eine autosomal-dominante Erkrankung des Vaters, bei gesunden Eltern? Wie kann das funktionieren? Eine seltene Neumutation, die beim Vater zu dieser vererblichen Skelettdysplasie führt, ist die Ursache. Zudem betrifft diese Neumutation in fast allen Fällen nur ein Allel, was den Vater heterozygot macht. Konntest du diesen Eisberg umschiffen, darfst du dich jetzt der Mathematik in dieser Aufgabe widmen. Für den Weg zum Ziel brauchst du hier zweierlei: Potenzen und Brüche. Das ist aber nicht halb so schlimm wie es sich anhört ...
Ein autosomal-dominanter Erbgang bei einem heterozygoten Elternteil und homozygot gesunden Partner sieht folgendermaßen aus:

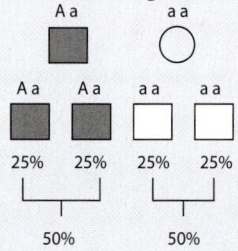

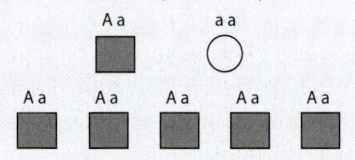

Abb. 6: Autosomal-dominanter Erbgang, Aufgabe Bi3
medi-learn.de/6-mathe-6

Folglich besteht eine 50 %ige Chance auf ein gesundes und eine 50 %ige Chance auf ein krankes Kind (bei einer autosomal-dominanten Erkrankung reicht bereits Heterozygotie, um die Krankheit manifest werden zu lassen). Diese „Fifty-Fifty-Chance" lässt sich am Besten wieder mit einem Münzwurf beschreiben. Bei einem Wurf besteht eine Chance von 50 % = 1/2, dass die Münze auf der gesunde Seite G und 50 % = 1/2, dass sie auf der kranken Seite K zu liegen kommt. Wirft man die Münze nun 5-mal, lässt sich die Wahrscheinlichkeit, 5-mal die gleiche Seite zu sehen (KKKKK oder GGGGG), durch $(1/2)^n$ mit n = 5 Würfen ausrechnen.
In dieser Aufgabe hat der Familienvater großes Pech und es zeigt immer die „kranke" Seite nach oben (=KKKKK).

Abb. 7: Autosomal-dominanter Erbgang, Aufgabe Bi3
medi-learn.de/6-mathe-7

$$\left(\frac{1}{2}\right)^n = \left(\frac{1}{2}\right)^5$$

Um diesen Bruch mit Potenz einfacher rechnen zu können, schreibst du ihn erst einmal aus:

$$\left(\frac{1}{2}\right)^5 = \frac{1}{2} \cdot \frac{1}{2} \cdot \frac{1}{2} \cdot \frac{1}{2} \cdot \frac{1}{2}$$

Und rechnest ihn dann Schritt für Schritt aus.

$$= \frac{1}{2} \cdot \frac{1}{2} \cdot \left(\frac{1}{2}\right)^3 = \frac{1 \cdot 1}{2 \cdot 2} \cdot \left(\frac{1}{2}\right)^3$$

LÖSUNGSTEIL

$$= \frac{1}{4} \cdot \left(\frac{1}{2}\right)^3$$

$$= \frac{1}{4} \cdot \frac{1}{2} \cdot \left(\frac{1}{2}\right)^2$$

$$= \frac{1 \cdot 1}{4 \cdot 2} \cdot \left(\frac{1}{2}\right)^2 = \frac{1}{8} \cdot \left(\frac{1}{2}\right)^2$$

$$= \frac{1}{8} \cdot \frac{1}{2} \cdot \left(\frac{1}{2}\right)^1 = \frac{1 \cdot 1}{8 \cdot 2} \cdot \left(\frac{1}{2}\right)^1$$

$$= \frac{1}{16} \cdot \left(\frac{1}{2}\right)^1$$

$$= \frac{1}{16} \cdot \frac{1}{2} = \frac{1 \cdot 1}{16 \cdot 2}$$

$$= \frac{1}{32}$$

Zu solch einer Konstellation kommt es also statistisch nur in einem von 32 Fällen,

$$\frac{1}{32} = 3{,}125 \%$$

was Lösungsmöglichkeit (D) zur gesuchten richtigen Antwort macht.

Bi4 (H08; Schwierigkeit: lösbar)

(A)   A
(B)   a
(C)   AA
(D)   Aa
(E)   aa

Am besten schreibst du dir zunächst die beiden Hardy-Weinberg-Formeln auf:
$p^2 + 2pq + q^2 = 1$ und $p + q = 1$
Angegeben ist a = q mit einer Häufigkeit von 0,3. Gesucht wird der häufigste Genotyp. Dies bedeutet, dass du alle Häufigkeiten ausrechnen und miteinander vergleichen musst.
Die möglichen Antworten AA, Aa und aa werden in der Hardy-Weinberg-Schreibweise dargestellt als p^2, 2pq (denn der Genotyp Aa kommt zweimal vor, einmal als Aa und einmal als aA) und q^2.

> **Übrigens ...**
> Die als Lösung (A) und (B) vorgegebenen Genotypen A und a existieren beim Menschen überhaupt nicht, da ein Mensch immer zwei Allele besitzt.

Der einfachste Weg ist, zunächst mithilfe von **q** die Häufigkeit **p** auszurechnen:
p + q = 1 → p = 1 − q → p = 1 − 0,3 = 0,7
Jetzt lässt sich der Anteil der Heterozygoten Aa/aA berechnen mit 2 · p · q:
Aa/aA = 2 · 0,7 · 0,3 = 2 · 0,21 = 0,42 = 42 %
Für die zwei homozygoten Möglichkeiten musst du **q** und **p** potenzieren:
aa = q^2 = $0{,}3^2$ = 0,3 · 0,3 = 0,09 = 9 %
AA = p^2 = $0{,}7^2$ = 0,7 · 0,7 = 0,49 = 49 %
Damit ist klar, dass der Genotyp **AA** in unserer Bevölkerung am häufigsten vorkommt und somit Lösung (C) richtig ist.

Bi5 (F12; Schwierigkeit: teuflisch)

(A)   1 : 10
(B)   1 : 20
(C)   1 : 100
(D)   1 : 200
(E)   1 : 400

Voraussetzungen, um diese Frage zu lösen, sind die Kenntnis der Hardy-Weinberg-Formeln und die aufmerksam gelesene Aufgabenstellung.
$p^2 + 2pq + q^2 = 1$ und $p + q = 1$
Gegeben: aa = q^2 = 1/400
Gesucht: Die Wahrscheinlichkeit eines heterozygoten Ehepaars.
Zuerst rechnest du wie in der letzten Aufgabe q aus, indem du die Wurzel aus q^2 nimmst

$$q^2 = \frac{1}{400} \rightarrow q = \sqrt{\frac{1}{400}}$$

Sieht schwieriger aus als es ist! Die Wurzel von 400 ist 20 (20 · 20 = 400) also: q = 1/20
Als nächstes nimmst du die zweite Hardy-Weinberg-Formel und löst nach p auf:
p + q = 1 g p = 1 − q eingesetzt
p = 1 − 1/20.
p = 19/20
Da in der Frage nach der Anzahl der Heterozygoten gefragt wird, ist 2 pq gesucht.

$$2 \cdot p \cdot q \rightarrow 2 \cdot \frac{19}{20} \cdot \frac{1}{20}$$

Dies ist schwer zu rechnen, also runden wir einfach auf 1 auf!

LÖSUNGSTEIL

$2 \cdot 1 \cdot \dfrac{1}{20} \rightarrow \dfrac{2}{20} = \dfrac{1}{10}$

Doch Vorsicht, die Aufgabe ist noch nicht zu Ende, auch wenn du vielleicht schon die Lösung (A) ankreuzen willst. In der Aufgabe ist nach der Wahrscheinlichkeit eines heterozygoten **Ehepaars** gefragt. Da ein Ehepaar immer zwei Menschen sind, müssen wir die Wahrscheinlichkeit von 1/10 noch einmal multiplizieren: 1/10 · 1/10 = 1/100.
Die Wahrscheinlichkeit eines heterozygoten Ehepaars in diesem Land beträgt also **1 : 100**.

11. Psychologie

Psy1 (H07; Schwierigkeit IMPP-Hammer)
(A) 0,01 %
(B) 0,1 %
(C) 1 %
(D) 5 %
(E) 50 %

Diese Frage ist kein mathematischer IMPP Hammer, aber um sie richtig beantworten zu können, musst du die Begriffe der Medizinischen Statistik sicher beherrschen.
- Sensitivität = (T^+/K^+) = a / (a + c) = 0,95
- Spezifität = (T^-/K^-) = d / (b + d) = 0,95
- Prävalenz = K^+ = 1/20 = 0,05
- Positiver Vorhersagewert = (K^+/T^+)
  = a / (a + b) = Gesucht

Wenn du nun mit den in der Frage angegebenen Werten weiter rechnest, liegt ein riesiger Berg Kopfrechenarbeit vor dir. Um den zu umgehen, benutze als Summe einfach die fiktive Zahl 100 in der Vier-Felder-Tafel und schau dir nochmal Kapitel 4, S. 16 Prozentrechnen an.

Die Prävalenz ist die Summe aller Erkrankten in einer Population, also trägst du die 5 % = 5 in die Summe unter K^+ (a+c) ein. 5 % Kranke bedeuten auch 95 % = 95 Gesunde = K^- (b+d) in der Population.

	K^+	K^-	Summe
T^+	a	b	a + b
T^-	c	d	c + d
Summe	5	95	100

Die Sensitivität beschreibt ja den Anteil der positiven Tests von allen Kranken (T^+/K^+ oder a / (a+c)), dies bedeutet, von den 5 (K^+) sind 95 % positiv (a) und 5 % negativ (c) getestet.
a = 95 % von 5 = 4,75
c = 5 % von 5 = 0,25
Genauso verfährst du auch mit der Spezifität (T^-/K^- oder d / (b+d)). Von den 95 Gesunden sind 95 % negativ (d) und 5 % positiv (b) getestet.
b = 5 % von 95 = 4,75
(Zwischenschritt über 10 % = 9,5)
d = 95 % von 95 = 90,25
(gar nicht erst Prozentrechnen, sondern einfach 95-4,75)

Nachdem du nun a bis d richtig ausgefüllt hast, musst du nur noch die Summe für T^+ = (a + b) bestimmen, um den positiven Vorhersagewert ausrechnen zu können.

	K^+	K^-	Summe
T^+	4,75	4,75	**9,5**
T^-	0,25	90,25	90,5
Summe	5	95	100

Positiver Vorhersagewert = K^+/T^+ oder a / (a+b)
= 4,75 / 9,5
= 0,5 = 50 %

Ein positiver Vorhersagewert von „nur" 50 % erscheint wenig, denn obwohl man bei einer Sensitivität von 95 % sofort glaubt, einen guten und zuverlässigen Test vor sich zu haben so ist der prädiktive Wert des positiven Befundes sehr stark von der Prävalenz einer Erkrankung abhängig. Würde die Frage bei gleich bleibender Spezifität und Sensitivität eine Prävalenz von 1 % vorgeben, würde der prädiktive Wert sogar auf 16 % absinken.

Index

Symbole
ω (= Winkelgeschwindigkeit) 9

A
Abfall, exponentieller 52
Abstand, radialer 9
Addieren 3, 36
– von Widerständen 4, 36
AF (= Atemfrequenz) 6, 34
Akkommodationsbreite 22
akkommodativ 23
Aktivität 6, 51
Alkalimetalle 27
Allel 28, 29, 30
Allele, kodominante 30
allgemeine Gasgleichung 5, 37
Ammoniumchlorid 27, 56
Atemfrequenz 6, 34
Atemwegswiderstand 37
Atemzugvolumen 6, 34
Ausbreitungsgeschwindigkeit 45
Ausgangswert 16, 50
Außenelektron 26
Außenschale 26
AZV (= Atemzugvolumen) 6, 34

B
Basics 34
– Lösungen 34
Bindung, chemische 26
Blutgruppe 30, 57
Brechkraft 22, 23, 53
Brechwert (siehe Brechkraft) 23
Brennweite 22
Brillenglas 23
Bruchrechnen 1
BTPS 37

C
Calcium 27
Chlor 26, 27, 56
C (= Kohlenstoffatom) 27
c (= Schallgeschwindigkeit) 14, 42, 46

D
Dezibel 12
Dezimalzahlen 1, 11, 16, 51
Diagnostik, sonographische 15
Dioptrie 22, 53
Dividieren 1, 3
– Basics 1
– von Brüchen 3
Division 3, 4, 47
dominant 28, 30
Doppelbruch 3, 43, 46
Drehachse 9
Drehzahl 42
Dreisatz 16, 49, 53
Druck 5, 8, 17, 37, 40, 44, 50
– Druckdifferenz 8, 18
– Druckgleichung 5
– Druck-Volumen-Arbeit 8
– Gesamtdruck 50
– Luftdruck 17
– Umgebungsluftdruck 8, 37
Druckdifferenz 8, 18
Druck-Gleichung 5
Druck-Volumen-Arbeit 8
Durchmesser 25

E
Einheiten 7, 8
– Aufgaben 8
– Lösungen 37
– Umformung 8
Einmaleins 1
EKG (= Elektrokardiogramm) 6
Elastizitätsmodul 17, 50
elektrische Ladung 26
Elektrokardiogramm 6
elektromagnetische Wellen 15, 45
Elektromyografie 6
Elektronegativität 56
Elektronen 26, 56
Elektronenschale 26
Elektroskalpell 7
Element 26, 56
EMG (= Elektromyografie) 6
Emmetropie (= Normalsichtigkeit) 22, 23, 53
Energie 9, 14, 41, 43
Energieumsatz 14, 43
Erbgang 28, 29, 57, 58
– autosomaler 28, 29, 57
– gonosomaler 29
Erdalkalimetalle 27
Erkrankung 28, 29, 57, 58
– autosomal-rezessiv 28, 29, 57
Erweitern 2, 4, 22, 36, 52
Evaporation 14

Index

Exponenten 11, 12, 47, 48
exponentiell 12, 20, 52

F
Fehler 18
– absoluter 18
– relativer 18
Fehlerintervall 18, 50
Fehlerrechnung 50
– Aufgaben 18
– Lösungen 50
Fernpunkt 22, 53
F (= Fluor) 27
f (= Frequenz) 6, 7, 15, 19, 34, 41, 46
Fläche 8, 25, 47
– Kreisfläche 25
– Querschnittsfläche 47
Fluor 27
Formeln umstellen 4, 6, 8, 43
Frequenz 6, 15, 19, 34, 41, 45, 46

G
Gas, ideales 44
Gaskonstante 5
Gemisch 50
Gen 28, 29, 30
Genotyp 28, 30, 57, 59
– genotypisch 28
Genträger 28, 29
Gesamtdruck 50
Gesamtwiderstand 36
Geschwindigkeit 6, 9, 14, 34, 39, 47
– Ausbreitungsgeschwindigkeit 45
– Geschwindigkeitsformel 34
– Geschwindigkeitskonstante 8, 39
– Lichtgeschwindigkeit 45
– Nervenleitungsgeschwindigkeit 9
– Schallgeschwindigkeit 14
– Strömungsgeschwindigkeit 15, 47
Geteiltzeichen 4
Gleichgewichtskonstante 8
Gleichgewichtspotenzial 14
Gleichheitszeichen 2, 4, 17, 40
gleichnamig 3
größte gemeinsame Teiler 2, 35

H
H_2O_2 (= Wasserstoffperoxid) 27, 56
H_3O^+-Ionenkonzentration 15, 48
Halbwertstiefe 20, 52
Halbwertszeit 19, 52
Halogene 27
Hardy-Weinberg-Gleichgewicht 29, 30
Häufigkeit 29, 30, 59
Hauptgruppe 26, 27
Hauttemperatur 14
Hertz (= Frequenz) 7, 34, 41, 45, 46
Herz 6, 8, 34, 35
Herzfrequenz 6, 34
heterozygot 28, 29, 30, 57, 58, 59
hoch 2   25
hoch 3   25
hoch Minus 1   4
homozygot 28, 58, 59
Hundertstel 3, 16
H (= Wasserstoff) 27, 56
Hyperopie (= Weitsichtigkeit) 22, 53
Hz (= Frequenz) 6, 7, 15, 20, 34, 42, 45, 46

I
Innenquerschnittsfläche 15
Ionen 9, 12, 14, 26
Ionen, komplexe 26
isoton 9, 40
Isotop 19
I (= Stromstärke) 4, 6, 35, 37

K
Kaliumcyanid 27, 56
Kehrwert 3, 35, 36
k (= Geschwindigkeitskonstante) 8
K (= Gleichgewichtskonstante) 8
K (= Kalium) 27, 56
Kohlenstoff 27
Kommazahlen 3
komplexe Ionen 26
Korrekturglas (= Brillenglas) 23
Kreisbewegung 9
Kreisfläche 25, 55
Kreiskonstante π 25
Kugel 25
kumulierte Messwerte 18
Kürzen 1

L
Lachgas 27, 56
Ladungsverschiebung, Ladungsänderung 26
Laufzeit 14, 42
Leitwert, elektrischer 4, 6, 35
Leitwert-Formel 35
Logarithmus 12, 13, 42
– dekadischer 12

– halblogarithmische Darstellung 13
– „krummer" 13
Luft 15, 17, 42, 50
Luftdruck 17, 37
Lungenfunktion 6
Lupe 23, 53

M

Magnesium 27
Mal nehmen
– Basics 1
– von Brüchen 3
– von Zehnerpotenzen 11
Malpunkt 36
Mb (= Myoglobin) 8, 39
MCHC (= Hämoglobinkonzentration) 8
Mendel'sche Vererbungsregeln 58
Merkmal 28
Merkmalsausprägung 28
Merkmalsträger 28
Messunsicherheit 18
Messwerte, kumulierte 18
Mg (= Magnesium) 27
Mikrowellen 45
Mittelwert, arithmetischer 18, 51
mittlere erythrozytäre Hämoglobinkonzentration 8
molare Masse 47
Molekülmasse 8, 39, 48
Multiplizieren 1, 3, 11
– Basics 1
– mit Brüchen 3
– mit Zehnerpotenzen 11
Münzwurf 57, 58
Muskelaktivität, elektrische 6
Muskelzellen 8
Myoglobin 8, 39

N

NaCl (= Natriumchlorid) 17, 26, 49
Nahpunkt 22, 23, 53
Na (= Natrium) 26
Natrium 26, 27, 44
Natriumchlorid 17, 26, 49
Natriumlactat 15, 48
Natürliche Zahl 2
Negativer Vorhersagewert 32
Nenner 1
Nernst-Gleichung 12, 14, 45
Nervenleitungsgeschwindigkeit 9
Normalsichtigkeit 22, 23, 53

NO (= Stickstoffmonoxid) 27, 56
N (= Stickstoff) 27, 50, 56
n (= Stoffmenge) 5
Nuklearmedizin 20

O

O_2 (= Sauerstoff) 8, 15, 17, 20, 27, 39, 44, 50, 56
Ohm-Gesetz 4, 35, 36
Oktettregel 26
Optik
– Aufgaben 23
Osmolarität 9, 40
osmotischer Druck 40
Oxidation 26
Oxidationsstufen (= Oxidationszahlen) 27
Oxidationszahlen 26, 55
– Aufgaben 27
– Lösungen 55

P

p (= Druck) 5, 8, 17, 37, 40, 44, 50
Periodensystem 26
Phänotyp 28, 29, 30, 57
pH-Messung 15
pH-Wert 12, 15, 48
Population 29
Positiver Vorhersagewert 32
Produkt 1
Promille 16
Proton 48
Protonen-Konzentration 48
Prozentrechnung
– Aufgaben 17

Q

Quadrat 41, 55
Querschnitt 47
Querschnittsfläche 47

R

Radioiodtherapie 20
Radius 25, 55
Rechenzeichen 36
Redoxreaktion 27
Reduktion 26
Reihenschaltung (= Serienschaltung) 4, 6, 36
rezessiv 28, 29
reziprok 22, 35
R (= Gaskonstante) 5
römische Ziffern 26

Index

Rotationsgeschwindigkeit (= Winkelgeschwindigkeit) 9, 41
Runden 1
R (= Widerstand) 4, 35, 36

S
Sammellinsen 53
Sauerstoff 8, 14, 17, 20, 27, 44, 50, 56
Schalldruckpegel 12
Schallgeschwindigkeit 14, 42, 46
Schallintensität 20, 52
Schallkopf 14
Sehweite 23
Sensitivität 31, 60
Serienschaltung (= Reihenschaltung) 4, 6, 36
Skelettdysplasie 30, 58
Spannung 4, 6, 35, 36
Spannungs-Dehnungs-Diagramm 17
spezifische Verdunstungswärme 14, 43
spezifische Wärmekapazität 9, 41
Spezifität 31, 32, 60
s (= Strecke) 8, 34, 39, 41, 42
Stickstoff 27, 50, 56
Stickstoffmonoxid 27, 56
Stoffmenge 5
Strecke 8, 34, 39, 41, 42
Stromdichte 7
Stromstärke 4, 6, 35, 37
Strömungsgeschwindigkeit 15, 47
Substanz, radioaktive 19
Subtrahieren 1
– Basics 1
Summenaktionspotential 8

T
Tausendstel 3, 16
Teilchen 19, 40, 44
– radioaktive 19
– Teilchenanzahl 44
– Teilen 1
Temperatur 5, 14, 41, 44, 51
Totraumanteil 6
Totraumventilation 6
T (= Temperatur) 5
t (= Zeit) 19, 34, 39, 47

U
Übersichtlichkeit 4, 28, 36, 52
Ultraschall 14, 20
Ultraschall-Puls-Echo-Verfahren 14
Umgebungsluftdruck 8, 37
Ursprungsaktivität 19, 20, 51
U (= Spannung) 6, 35, 36

V
Ventilation 34
Vererbung 28
Vererbungsregeln 58
v (= Geschwindigkeit) 6, 8, 9, 14, 34, 39, 47
Volumen 5, 6, 8, 14, 25, 38, 40, 43, 44
Vorhersagewert 60
V (= Volumen) 5

W
Wahrscheinlichkeit 30, 57, 58
Wahrscheinlichkeitsrechnung 28
Wärme 9, 14, 41, 43
Wasserstoff 27, 56
Wasserstoffionen 48
Wasserstoffperoxid 27, 56
Watt 7, 43
Weitsichtigkeit 22, 23, 53
Wellen 45
– elektromagnetische 15, 45
– Mikrowellen 45
Wellenlänge 15, 45, 46
Widerstand 4, 35, 36, 37
Winkelgeschwindigkeit 9, 41
W (= Watt) 14

X
x (= Wellenlänge) 15, 45, 46

Y
Y-Achse 13

Z
Zähler 1
Zehnerpotenzen 1, 2, 11, 12, 38, 43, 44, 45
– Aufgaben 42, 43, 44, 45
– Kapitel 11, 12
– Potenzieren 12
– Wurzelziehen 12
Zehntel 3, 17
Zeit 19, 34, 39, 47, 55
Zellmembran 15
Zentrifuge 41
Zerfallsaktivität 19
Zielwert 16, 56
Zwischenwert 17, 51